Pour Doris

LA CRÊTE BLEUE

au pied du Blauen

*

Aesch, le 13 déc. 2009

Edouard

Le traducteur et l'autrice
dédient cette version française de *Blaue Mauer*
à la mémoire de

Jean Gigon

KATHARINA ZIMMERMANN

LA CRÊTE BLEUE
CHRONIQUE JURASSIENNE

Traduit de l'allemand
par Édouard Höllmüller

Postface de Pierre Philippe

éditions d'en bas

Ce livre paraît avec l'aide
du Département de la culture de la Ville de Berne ; de la Commission
pour la promotion culturelle du canton de Berne ; de la Section des
Affaires culturelles de l'Office de la culture du canton du Jura ; et du
Département de la culture du canton de Bâle-Campagne.
La traduction de ce livre est soutenue par la Fondation suisse pour la
culture, Pro Helvetia.
Nous leur adressons nos remerciements.

KulturStadtBern

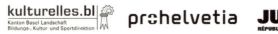

Ce livre paraît dans le cadre du programme « Moving Words » 2009-2011 de la Fondation suisse pour la culture, Pro Helvetia.

Édition originale
Blaue Mauer
Zytglogge Verlag, Bern, 1995
ISBN 3-7296-0500-3

Lectorat : Ursula Gaillard, Daniel Rothenbühler, Pierre et Carla Philippe, Jean-François Nussbaumer, Francine Kimball, Micheline Höllmüller, La Belle Page
Graphisme couverture : lbbl Sàrl, Lausanne
Photo couverture : Jean-François Comment, Océan, 1968-70
© Fondation Jean-François Comment

ISBN 978-2-8290-0379-0

© 2009
Éditions d'en bas, Rue des Côtes-de-Montbenon 30,
1003 Lausanne (Suisse)
enbas@bluewin.ch – http://www.enbas.ch

Pour Elisabeth et Kaspar

PREMIÈRE PARTIE

UN SOIR D'ÉTÉ
AU COLLÈGE DE BRUNNMATT
UN RÊVE

LETTRE DE DELÉMONT
NOTRE HÔTEL DE VILLE
LA FONTAINE DE LA JUSTICE

LA CRÊTE BLEUE
STUPÉFACTION
BERLINCOURT
GILBERTE DE COURGENAY

NON ÉLUE
LE CONGRES DE VIENNE
AFFICHES
CERTAINS CHEMINS

DÉPART SOLITAIRE
MICROCOSME
L'ALOUETTE DE DELÉMONT
DANS LA CABINE TÉLÉPHONIQUE
UNE VISITE

TRANCHÉES
VERTIGINEUX
DE PURE SOUCHE
NE RIEN RAVIVER
RELÂCHE

LES MORILLES
SAINT FROMOND
LES ROUGES ET LES NOIRS
LE TEMPS DES CERISES

UN TEST
PASSE-FRONTIÈRE
LE LARGIN

SECONDE PARTIE

LUNDI

MARDI

MERCREDI

JEUDI

VENDREDI

SAMEDI

PREMIÈRE PARTIE

Mais oui, venez, c'est ici.
Je m'y suis mise à mon tour.
Les hôpitaux, les collèges, les commissariats le proposent bien : pourquoi pas une écrivaine ?
Alors aujourd'hui, c'est chez moi :

JOURNÉE PORTES OUVERTES

Ne vous gênez pas, entrez, s'il vous plaît.
C'est mon atelier. Vous pouvez tout regarder, mais ne touchez à rien. Ça traîne ainsi depuis des années, pêle-mêle. Et surtout pas de conseils quant à l'ordre.

Ma production se fait toutes fenêtres closes et porte verrouillée. Ce n'est pas sans quelques battements de cœur que j'ai ouvert aujourd'hui, vous comprendrez. Vous allez découvrir ici les diverses étapes du travail nécessaire à la production d'une œuvre.

Bon, si les préparatifs ne vous intéressent pas, vous pouvez passer tout droit dans la salle du fond où se trouve la seconde partie, le produit fini, le récit. Vous pourriez bien sûr commencer par là, mais je vous préviens :
Vous manqueriez le début, et cela me contrarierait.

C'est qu'en vous invitant à cette JOURNÉE PORTES OUVERTES, je sollicite toute votre attention. Y compris dans l'atelier, où je vous ai préparé en hors-d'œuvre quelques bribes du projet. Ici tout n'est qu'intention.
Ce qui vous attend dans la seconde salle ressemblerait plutôt à une fiction.
Tant le projet que le produit fini sont des originaux, faits main.
Pas du travail en série, j'insiste.

Écartez-vous un peu, s'il vous plaît, que je retrouve le premier élément dans tout ce fatras.

Voilà : c'est un soir d'été de l'an 1992.

UN SOIR D'ÉTÉ

L'air du sud, le brin de chaleur qui fait fleurir les lauriers-roses et sécher les costumes de bain : l'été si prodigue ailleurs, mais si pingre chez nous. Nous le savourons au jardin, avec des amis.

Conversations de table, pieds nus sur les dalles chaudes. Ciel clair, rires à la terrasse voisine. Nasillement d'un saxophone par une fenêtre ouverte, vacarme de planches à roulettes dans le chemin du quartier. L'heure du coucher n'a pas encore sonné pour les enfants, tant s'en faut. Les hirondelles volent haut, promesse d'été pour le lendemain.

Les propos sont légers, on évite à dessein ce qui nous pèse. Personne n'évoque la maladie qui fait rage aux confins de l'Europe. Cette soirée sera sans fausses notes.

Plus tard pourtant, à la lueur d'une chandelle et les épaules couvertes d'un pull, on ne censure plus les pensées, les mots surgissent. On lâche ce qu'on a entendu, ce qu'on a lu, on cite les factions, on nomme la ville de Sarajevo. Et l'une d'entre nous, une jeune femme, dit que cela pourrait bien aussi se passer chez nous.

Elle se fait rabrouer. Non ! pas en Suisse, pas dans la plus vieille démocratie du monde ; une guerre fratricide ici, c'est impossible. Son propos cependant me reste en travers de la gorge : chez nous aussi ce risque existe, il a existé, il n'est pas absolument exclu.

Un coup d'œil dans les journaux le lendemain matin, et des images m'assaillent, pourtant enfouies au fond de moi durant toutes ces longues années.

AU COLLÈGE DE BRUNNMATT

Deuxième hiver de guerre, jours lugubres au collège de Brunnmatt. Une salle de classe froide et mal éclairée. Face à nous, la maîtresse, massive et grise au côté de sa collègue, tout aussi imposante, deux sévères Helvetia. Sans sourire, elles rabâchaient à leurs classes la prière du matin :

Wir wollen sein ein einig[1] Volk von Brüdern,
In keiner Not uns trennen und Gefahr.
Wir wollen frei sein, wie die Väter waren,
Lieber den Tod, als in der Knechtschaft leben.

Nous voulons être un peuple uni de frères
Que ne séparent dangers ni malheurs.
Nous serons libres à l'instar de nos pères ;
Plutôt la mort que l'asservissement.

Les garçons hurlaient «libres» et «mort», et nous les filles, nous les imitions.
Au premier banc, une belle enfant aux boucles noires. Des adultes l'amenaient en classe et venaient la rechercher chaque jour ; elle ne parlait guère l'allemand. Mais la prière du matin, elle aurait bien aimé la réciter avec nous. Nos deux Helvetia furent d'abord interdites, se demandant anxieusement si c'était autorisé, puis elles encouragèrent l'enfant en nous faisant des signes de tête qui semblaient dire : Voilà une fillette étrangère

qui voudrait bien faire partie de ce peuple uni de frères. Un jour elle ne vint plus à l'école. À l'ambassade de Roumanie où elle vivait, il s'était passé quelque chose d'horrible.

Tout cela avait affaire avec le diable. Un diable qui portait un nom, qui nous encerclait et avait déjà avalé tous les autres pays, et qui vociférait à la radio.

C'est à cause de ce diable que mon père était absent. Et que grand-père avait des accès de colère: à la maison, il crachait dans le journal où il y avait une photo de ce diable en uniforme.

À l'école, nous avions le général Guisan accroché au mur de la classe, comme le bon Dieu.

Nous aurions voulu parler de lui, mais Marcel nous volait la vedette, Marcel était bien plus proche de lui: il parlait le français à la maison. En classe, nous devions parler l'allemand, le « bon » allemand, mais sans que cela fasse affecté; au contraire, il fallait prouver par une certaine rudesse combien la langue du diable nous était étrangère à nous autres, enfants de l'Helvétie. Marcel, avec son allemand de saltimbanque, était bien le seul à arracher de rares sourires à Sa Sévérité assise au pupitre. Et il fallait le voir hausser le cou et toiser le monde de ses yeux étincelants quand il parlait du général. Quelques-uns d'entre nous avaient déjà vu ce vénérable personnage ; mais Marcel, lui, le général l'avait embrassé.

Aech het mich es Müntschi ggä. Il m'a donné un bisou.

Dans la classe, il y avait aussi un garçon qui n'écrivait ni ne calculait le samedi. Il lui était interdit de travailler ce jour-là. Notre Helvetia s'énervait à chaque fois, mais elle ne pouvait rien y changer. Un jour, le garçon jeta un morceau de pain, et cela fit une histoire plus dramatique que si ç'avait été l'un de nous.

C'est du joli, et toi en plus, dit la maîtresse en le fusillant du regard, pour avoir jeté ce dont ses coreligionnaires étaient privés dans les camps. Des camps de concentration, il n'en fut question que plus tard, quand revint la paix: non pas telle que nous l'avions rêvée, mais si pitoyable et morose. Nous avions grandi et compris peu à peu ce qui s'était passé, l'horreur nous avait rattrapés.

Aujourd'hui encore, certains mots m'écorchent le cœur. Quand j'entends dire allègrement *mir hei glachet bis zur Vergasig*, on s'est «gazé» de rire, j'en perds la parole. Personne de ma génération n'oserait proférer une telle insanité. *Wochenbatzen*, le sou de la semaine, voilà une autre expression de ces temps-là, pas effroyable certes, juste triste. Moi, je devais m'occuper du côté sud de la rue Effinger. Chaque semaine, il fallait monter dans la pénombre de la cage d'escalier, attendre aux portes d'avoir le courage de sonner, quémander les dix sous qu'on nous donnait généralement à contrecœur. Pour quelle œuvre? Je ne l'ai jamais su au juste. Pour les réfugiés, les internés, les enfants de la guerre qui souffraient de la faim dans des villes bombardées. Et toujours, en mangeant notre pain le plus souvent rassis, cette rengaine que non loin de chez nous il n'y avait pas de pain et que des enfants mouraient. Photos à l'appui. Les trains de la Croix-Rouge remplis de gosses, chacun avec son étiquette au cou. Micheline, venue de France. Quand elle ne pleurait plus et que nous avions appris à dire «regarde», elle dut repartir. Eddy le Hollandais. Son asthme, la nuit, ses efforts pour appeler sa mère, *modder*, et sa peur de mourir chez nous.

Plus jamais de telles choses ne se reproduiraient en Europe, pensions-nous alors. Et plus jamais, dans aucun pays, on ne harcèlerait des gens qui ne parlent pas la même langue, qui n'ont pas la même foi ou n'appartiennent pas à la même race que les gens du pays.

UN RÊVE

La salle pourrait se situer dans un vieux château. Basse, aux grosses colonnes soutenant une voûte monumentale. Pleine de gens vêtus de noir. J'y pénètre en hésitant. Qu'ai-je à faire ici ? Les gens sont debout, j'entends parler diverses langues. Un murmure en sourdine, pas de rires, ni de musique nulle part. J'attends anxieuse, la respiration presque coupée.

Il me semble être arrivée à la pause, entre la conférence et la discussion, au moment où les gens quittent leur place pour faire quelques pas dans la salle. Un couple retient mon attention. Lui surtout, un personnage longiligne à la démarche molle et un peu incertaine. Sa tête est spécialement grande, ses yeux foncés et très écartés. J'aime que les yeux ne soient pas accolés au nez comme une paire de jumeaux inséparables, mais les siens sont un peu trop distants l'un de l'autre. L'homme dégage quelque chose d'indéfinissable, étrange et attrayant à la fois. Un Indien ? Ses traits sont trop doux. Un Asiatique ? La peau est trop claire, et pourtant il a quelque chose de ténébreux, peut-être à cause de la douleur qu'il porte au fond de ses yeux. La femme est bien plus petite, blonde. Elle le suit allègrement à travers la salle, bien campée sur ses deux pieds, en débitant sans complexe son allemand bourré de fautes. Elle doit venir du Nord.

Je n'ose aborder personne, pas même ce couple mal assorti dont j'aimerais bien savoir comment il fonctionne.

Au fond de la salle, je découvre l'exposition, des photos fixées à des présentoirs en bois qui s'ouvrent et se referment en éventail. De la première photographie jaillit le regard qui m'a frappée tout à l'heure. En grand format. L'homme est drapé d'une toge noire comme en portent les juges et les pasteurs. Un air mélancolique se dégage de l'image. J'appréhende d'être envahie de choses tristes et inquiétantes.

Je contemple la photographie suivante. Elle montre des

enfants nus au dos blessé. Ils sont couchés en rang sur le sol, et tous ont aux omoplates des moignons sanguinolents.
C'est ainsi qu'on les traite, dit la femme blonde qui surgit soudain à côté de moi. Dès l'enfance, on les ampute de leurs ailes.
Normalement, me dit-elle, il pousse à ces gens-là une sorte de nacelle ailée entre les omoplates. Et elle m'en fait la démonstration. À l'aide d'un panier sanglé au dos, elle s'élève et plane sans effort, monte sous la voûte et redescend doucement entre les colonnes pour se poser devant les présentoirs.
Pourquoi ne les acceptons-nous pas comme ils sont ? se plaint-elle à haute voix.

Je comprends maintenant quel est ce colloque et pourquoi cette femme est ici. Elle lutte contre l'injustice faite à sa communauté. Et moi je lutte un instant contre le dégoût que m'inspirent ces êtres différents. La couleur de la peau n'est qu'un détail anodin en comparaison de cette excroissance hémisphérique qu'ils ont au dos et des plumes qui leur poussent aux tempes. Je m'insurge cependant contre les mutilations faites à ces enfants. On a scié les os de leurs ailes pour qu'ils aient la même apparence que nous.
Je suis l'un d'eux, dit quelqu'un.
Effrayée, je me retourne. C'est l'étranger. Il me montre deux taches foncées de chaque côté des yeux.
Les plumes ont été amputées, la nacelle également. De lourdes opérations, dit-il à voix basse.
Et les séquelles, n'ont-elles pas été trop graves ?
Ça va, dit-il. D'abord j'ai eu des problèmes d'équilibre. Et puis, bien sûr, il n'est plus question de voler.
Sa voix trahit la douleur qu'il cache dans ses yeux, l'homme aux ailes coupées.

Vous voyez, c'est ce qui m'a poussée à faire ce travail: les propos d'une jeune femme, mes souvenirs de petite fille et ce rêve oppressant. Et des questions. Est-ce que vraiment chez nous cela aurait pu…

Asseyez-vous, je vous prie. J'ai de la place pour vous, je n'attends personne d'autre pour cette JOURNÉE PORTES OUVERTES. Je suis heureuse de voir que vous restez dans l'atelier, que vous ne vous intéressez pas uniquement au produit fini.

Ce que vous allez découvrir ici est une ronde sans but autour du chaudron.
Les premiers pas avaient été faciles. Je m'étais souvenue d'une lettre oubliée dans mon armoire depuis une année.

LETTRE DE DELÉMONT

Une enveloppe officielle de Delémont. Expéditeur: Crosse épiscopale et fasces. Contenu: une brochure, «Plaidoyer pour un pays déchiré» et une carte «Avec les compliments de la Chancellerie d'État».

Je me suis mise à lire la brochure; j'ai noté les références des ouvrages cités, j'ai écrit à des bibliothèques et commandé des livres. J'ai aussi acheté une carte de géographie où le Jura apparaît dans toute son étendue, chaîne de montagnes qui touche neuf cantons suisses et se prolonge en France, et en Allemagne.[2]

Dans ce vaste paysage, j'ai cherché la petite région qui s'est détachée de Berne il n'y a pas si longtemps pour former un canton autonome. À cette occasion, la Suisse a été, un instant, réveillée de son sommeil; depuis près de cent cinquante ans, elle n'avait plus vécu chose pareille.

Le nouveau canton est né à la jonction des langues, là où le français prend le relais du suisse allemand; il porte le même nom que la chaîne de montagnes; c'est donc le Jura dans le Jura.

Le «pays déchiré» cité dans la brochure fait allusion à une autre petite région au sud du nouveau canton, qui est restée plus ou moins volontairement bernoise.

J'ai lu les livres, j'ai pris des notes; sur la carte, j'ai marqué au feutre les nouvelles frontières cantonales. En même temps, dans ma mémoire, j'ai passé en revue les années soixante et septante. Je les avais vécues loin de la Suisse, et j'avais reçu peu d'informations sur le conflit entre le Jura et Berne.

À mon retour, le nouveau canton existait déjà avec ses nouvelles armoiries, «parti d'argent à une crosse épiscopale de gueules et de gueules à trois fasces d'argent»; et à Berne, on ne parlait plus guère du Jura.

NOTRE HÔTEL DE VILLE

J'habite Berne. C'est ici que se réunit le Parlement, que le Conseil fédéral exerce son pouvoir, que résident les ambassadeurs du monde entier, que protestent les mécontents de toute la Suisse; et c'est nous qui devons ramasser les déchets. Bon, nous en avons l'habitude; pourtant nous ne verrions aucun inconvénient à ce qu'une autre ville s'occupe de ce pays à son tour, car nous avons nos propres problèmes. Nous sommes un canton. Jadis nous étions grands, forts et redoutés, et notre territoire s'étendait du Léman jusqu'à Brugg. Nous avions de nombreux sujets, et Berne, ma ville, les tenait bien en main. C'est elle qui décidait quelle religion avait cours, quel chemin menait au ciel et quels autres en enfer; et elle ne plaisantait pas avec les mécréants. Ma ville était riche aussi, car les officiers bernois avaient rapporté beaucoup d'argent des guerres à l'étranger. Et les sujets payaient gros. Mais certains sont partis. Les Vaudois en ont eu assez, les Argoviens aussi ; ils ont demandé le divorce, avec l'appui de l'étranger, et on nous a rétrécis. Comme nouveau venu, il y a eu le Jura. Contre son gré, naturellement, il n'avait pas le choix.

De cet hôtel de ma ville de Berne, on a toujours gouverné tout le canton, maintenant encore. Notre Hôtel de ville nous plaît mieux que le Palais fédéral avec sa terrasse et sa vue sur les Alpes qui, notez bien, sont presque toutes bernoises.

Or cet édifice a frisé l'attentat il y a peu. Mais la bombe a explosé prématurément dans la voiture, déchiquetant son chauffeur. Il y a des gens qui haïssent notre Hôtel de ville et notre manière de gouverner. Il y a des gens, dans le Jura-Sud, qui préféreraient faire partie du nouveau canton plutôt que du nôtre.

Chez nous, il y a des gens qui ne comprennent pas cela, qui les traitent de terroristes et de fanatiques ; et d'autres qui trouvent qu'ils n'ont qu'à partir, ces sales emmerdeurs, *die cheibe Schtürmihüng*.

La plupart d'entre nous cependant ne s'en émeuvent pas le moins du monde. Notre canton devient certes de plus en plus petit ; mais il reste assez grand pour qu'on puisse y vivre confortablement comme par le passé, à la bernoise, preuve que notre manière est juste et bonne. Le Jura, c'est de loin que nous l'aimons le mieux, comme crête bleue au couchant.

LA FONTAINE DE LA JUSTICE

L'eau est claire et potable ; le personnage sur son fût se laisse approcher sans autre : la Justice a été sculptée dans la pierre au

XVIe siècle. Elle orne l'une de ces fontaines dont nous sommes fiers à Berne. Ce que je contemple n'est cependant qu'une copie. La statue avait été détruite en octobre 1986. En pleine nuit, des malfrats jurassiens l'avaient renversée. Il s'agissait de frapper l'adversaire par la destruction d'un symbole. Et si, dans une même fureur, l'association des parents d'élèves déboulonnait la fontaine de l'Ogre, le Groupe pour une Suisse sans armée celle de l'Arquebusier, et le Parti des automobilistes la fontaine du Courrier...

Elle est ridicule, ma douleur pour une fontaine démolie. Pas loin d'ici, ce sont des villes entières qu'on saccage, six cent cinquante mosquées à ce jour ; et des gens qu'on tue ou qu'on brise, des femmes, des enfants.

Et moi, pendant ce temps, je m'intéresse à une statue de pierre restaurée depuis longtemps, je téléphone à l'Office municipal de la Protection des monuments, puis à une entreprise qui restaure les pierres. Ma demande d'entretien provoque la méfiance du responsable.

Que voulez-vous écrire ? Est-ce que ça concerne les terroristes ?

Je n'aurais pu choisir plus mauvais moment, car un Jurassien, le meneur du coup de la fontaine, vient de se faire condamner par le Tribunal fédéral. On m'accorde néanmoins une visite chez le tailleur de pierre.

Dès la descente du tram, je scrute les numéros des maisons dans l'obscurité du soir d'hiver. Ils sont d'abord très inférieurs à celui qu'on m'a indiqué, je devrai marcher longtemps ; mais à force de demander, de me tromper de bureaux et de redemander, je finis par trouver l'atelier.

D'emblée, la tête de la Justice attire mon regard.

Sur le socle de la fontaine, elle m'avait toujours paru inabordable, comme une sévère maîtresse d'école, soucieuse de la seule balance qu'elle soupèse, impartiale derrière le bandeau qui lui couvre les yeux. Or la petite tête que je vois sur l'armoire de ce local est celle d'une jeune femme. Un bonnet fantaisie orné de rosaces aux oreilles cache sa chevelure. Du bandeau aux replis multiples sortent deux boucles de cheveux qui lui caressent les joues. La bouche volontaire aux lèvres pleines esquisse un sourire.

Une question me vient, inopinément.

Oui, elle est à vendre, me dit le sculpteur. Pas très bon marché, un mélange de minéraux moulé sur la tête de la copie, une reconstitution parfaite.

Puis, sur le bureau, des images de la statue démolie. La même tête avec le bonnet aux rosaces brodées sur l'oreille ; mais le nez et la bouche manquent, et une balafre court jusqu'à la bride du bonnet noué sous le menton brisé.

Le chef m'explique comment il l'a remise en état. Le soin nécessaire à la reconstitution du visage, des seins et de la veste, du mollet droit qui se dégage nu sous le plissage minéral. Le port du personnage est remarquable aussi, légèrement incliné à droite, en équilibre sur ses pieds menus, sans appui.

On sent le sculpteur plein d'admiration pour le confrère qui a réalisé cette œuvre il y a cinq cents ans.

Mon affaire aboutit, on emballe la tête, je m'en vais. Dehors il fait nuit, le chantier est vide, personne dans la rue. Près du *Wylerhölzli*, le bois de Villars, une moto est appuyée à la barrière. Je simule une démarche masculine : un cri ne s'entendrait pas d'ici. À droite, c'est la course poursuite incessante des voitures ; à gauche, l'entrée des trains en provenance de Zurich, Lucerne, Bienne et Thoune ; et les abattoirs sont plongés dans l'obscurité, bien que des animaux y soient probablement encore en vie. Les étoiles me fixent, un mur de nuages me menace à l'ouest, les tours d'habitation cassent l'horizon.

Une ville qui me paraît soudain étrangère.

À la maison, je contemple mon acquisition, la tête de la Justice.

Laissez-la où elle est, s'il vous plaît. C'est sa place, au beau milieu de mon atelier.

La tête de la Justice est ma mascotte.

Avant de me mettre au travail, je pose à chaque fois la main sur la pierre.

Ce que j'aime par-dessus tout, c'est le sourire de la jeune femme.

LA CRÊTE BLEUE

Je ne suis pas fatiguée, vrai de vrai, disait l'enfant.
Voilà qu'elle devait de nouveau aller dormir, toujours au moment le plus beau.
Qui ne les connaît de sa propre enfance, ces instants où l'on nous arrachait au bonheur de la vie pour nous fourrer au lit ?
Dès l'âge de cinq ans, je me suis rebellée avec la complicité de la montagne. Chasseral[3], je l'avais gravi, j'y avais dormi avec mes parents, et on avait loué mes prouesses de marcheuse. *I möcht no ufe Chasseral,* J'aimerais encore monter au Chasseral, criais-je le soir avec une véhémence sans bornes. Je brûlais du désir de retrouver ces pierres blanches, de fouler le sentier entravé de racines, de prouver allègrement, avec mes petites jambes de grimpeuse, quelle distance énorme me séparait de la fatigue.
Rien d'autre ne m'est resté de cette première ascension jurassienne que l'impression produite sur mes parents par ma performance sportive précoce.
C'est de Berne que j'ai appris à repérer Chasseral, tout comme le *Weissenstein,* la Pierre blanche, et la *Hasenmatt,* le Pré aux lièvres. À chaque promenade du dimanche on les voyait de quelque part et ils nous remplissaient de fierté : on les avait déjà « faits ».

Des années plus tard, je me suis mise à aimer le Jura. Pas tant le détail de ses crêtes et de ses collines que sa magie bleue. Une couleur qu'il décline dans toutes ses tonalités. Tantôt un bleu clair à l'horizon, posé d'un pinceau léger, tantôt un bleu roi presque ennuyeux dans son étendue monotone ; puis un autre virant au mauve, qui émeut jusqu'à Berne et nous met en joie ; ou encore un bleu délavé, si ténu qu'il se fond dans le ciel ; parfois aussi un bleu dont la lueur au couchant distille une étrange mélancolie. Certains jours il disparaît pour revenir de plus belle, un bleu distinct mêlé de taches blanches et vertes, et les gens disent *E lue, d Hasenmatt*, Regarde là-bas, le Pré aux lièvres.

Derrière le Jura s'étend la France, Paris, l'océan Atlantique. Il y fait encore clair le soir quand chez nous tombe déjà le soir.

Pour nous, le Jura est une muraille devant les ors du couchant ; lui-même nous intéresse peu, notre désir s'envole au-delà, dans le crépuscule.

Plus tard, je connaîtrai son autre versant, nord-ouest, en Ajoie où il donne aussi l'impression d'un mur : de séparation d'avec la Suisse.

Pendant les années de guerre, entre 1939 et 1945, le pays à défendre s'arrêtait à la dernière chaîne du Jura. Il en persiste un reproche, qui revient çà et là dans les conversations avec les gens d'un certain âge.

Pour eux, la dernière de ces chaînes est la première. C'est là-haut qu'était campée la défense. L'Ajoie, ces vastes champs qui débordent sur la France en l'absence de frontière naturelle, devait être sacrifiée. Elle l'a effectivement été en un certain sens.

Les pilotes des bombardiers allemands, puis les Alliés ne semblaient pas posséder de cartes précises. Pour eux aussi, le territoire helvétique à protéger s'arrêtait à la dernière chaîne de montagnes. Dans la forêt derrière Cœuve se trouve encore un cratère de bombe. Les vieux se rappellent qu'en labourant, ils ont souvent dû rentrer la tête dans les épaules sous la pluie des obus[4]. Et quand les Alliés ont mitraillé Porrentruy, la municipalité a adjuré les autorités fédérales de lever le décret d'obscurcissement pour l'Ajoie. Alors, les lumières ont de nouveau brillé la nuit sur cette presqu'île helvétique, certainement les seules[5] dans toute l'Europe à l'époque.

Le déboulonnage du Fritz[6], de ce monument des Rangiers détruit par le Bélier, ressenti à Berne comme un acte de vandalisme, cela s'explique, me dit-on, par l'indignation d'avoir été lâchés et rejetés[7].

Berne et tout ce qui ne fait pas partie du Jura est très loin pour les Ajoulots. Rien d'étonnant, ils vivent de l'autre côté de la montagne.

D'un bras qui balaie l'horizon de ces champs, on me montrera la crête bleue, cette dernière et première chaîne du Jura, barrière hermétique contre la Suisse. Je la contemplerai souvent durant mon séjour. Orientée quasi est-ouest, elle ressemble à un pont sous la courbe du soleil. Est-ce là l'origine de cette abondance de lumière ? Une aura nimbe le Jura d'un mélange de bleus subtil et parfumé ; c'est elle qui le préserve de la banalité du quotidien.

Cette montagne marque le bout du monde, même pour les gens d'Ajoie qui lui tournent le dos et préfèrent, comme nous à Berne, regarder vers la France, vers Paris, et vers les longues soirées au bord d'une mer lointaine.

STUPÉFACTION

La vue de la crête bleue ne me suffit plus. À présent, j'ai besoin de gros plans. Je voudrais découvrir le canton du Jura en marchant, mais accompagnée.

Nous descendons du train à Courchavon, moi, la femme qui ne sait pas encore ce qu'elle cherche, et un homme qui, par amour pour elle, se joint à la randonnée sans poser de questions.

Personne sur le petit quai de gare. Le train régional a continué sa course vers la frontière.

Dans le village, des façades bien crépies. Personne aux portes. La rue est vide.

Un chemin pédestre, une hêtraie, encore sans feuilles, mais saturée de lumière. Du bois-gentil dans les fourrés.

Plus haut, à Mormont, un cheval. Il rejette la tête, secoue sa crinière, s'élance au trot. Un animal heureux de vivre. Elle est à lui, cette journée de jeune printemps.

Désertes ici aussi, les rues du village, tout comme les fenêtres inondées de soleil. Aucun bruit, si ce n'est un aboiement lointain.

À la première halte sur la hauteur, la stupéfaction : comment est-ce possible en Suisse ?

Ces vastes champs sans aucune maison, ces douces collines n'imposent nulle limite à la vue, à notre regard de Suisses plus habitués aux monts et vaux qu'aux ouvertures sur le monde, mais il suffit d'un coup d'œil au-delà du chemin, et c'en est fini de l'harmonie.

Je ne reviens pas de mon choc de découvrir cela en Suisse : nos yeux encore empreints de la douceur de l'horizon se heurtent aux couleurs acides du plastique et aux arêtes d'un amas de caisses et d'armoires balancées là. Sur la montagne d'ordures, une machine à écrire d'un modèle plus récent que la nôtre. Ce qui est officiellement interdit de longue date traîne là sans vergogne dans un creux.

« Jura libre », le canton de la liberté : personne pour empêcher ce chenit.

Le dimanche suivant, encore le Jura, toujours à pied. Berne dans le brouillard, Bienne également. Le soleil brille à la sortie du tunnel de Moutier, tout comme à La Motte au bord du Doubs.

Ciel d'un bleu profond entre les branchages des hêtres nus ; blanche, la roche veinée de lierre ; jaune tendre, les chatons de noisetiers.

Les oiseaux, un ruisseau ; gazouillis, murmure ; bruissements des tas de feuilles mortes foulées par les chaussures. Silence et lumière à l'orée de la forêt. Les ombres effilées des fûts de feuillus sur les prairies qui verdissent entre des murets de pierres sèches.

À mi-hauteur, la maison blanche qu'on voyait d'en bas. Inhabitée.

Plus haut, une ferme. Un raclement de sabots dans l'écurie et les aboiements d'un petit chien, mais aucun appel humain.

Au sommet ou plutôt sur le dos de cette montagne longiligne, nous apercevons deux gardes-frontières en faction. Suisses ? Français ? Ils se causent en français.

Plus tard je me ferai passe-frontière, la plupart du temps sans savoir dans quel pays je me promène ; parfois en croisant un garde, le plus souvent personne. Cette frontière qui fut hermétiquement fermée pendant cinq années de guerre, et fatale à tant de gens, m'apparaît alors dans toute son absurdité.

Mais Christophe sait où nous nous trouvons, il ne se promène pas sans carte. Nous longeons, côté suisse, un paysage qui rappelle les parcs anglais. Les sapins déploient leurs branches comme une robe jusqu'au sol.

Le chemin est mou, marqué par les fers des chevaux. Sur le versant nord, les empreintes sont gelées. Des traînées de brouillard s'accrochent à la forêt ; aucun son, aucun bruit ne nous parvient. Nous sommes loin de l'agitation du monde, nous vivons dans un autre temps.

Pensais-je.

Mais au prochain tournant, il nous agresse même ici, le présent, et me revoici consternée.

Du canapé au tourne-disques, du fauteuil au chauffe-eau, sans oublier la cuisinière à gaz, le buffet et la baignoire, tout est là, bazardé dans le talus.

Une voiture aux plaques jurassiennes vient de se vider et file à la dérobée. Trois silhouettes en anorak enjambent le tas de déchets, examinent et mesurent différents objets, enfournent un banc de jardin dans leur véhicule parqué en bord du chemin ; une immatriculation française.

En France, les salaires sont plus bas ; le travail du paysan, moins payé qu'en Suisse. Qu'à cela ne tienne !

Les articles de seconde main sont gratuits sur la décharge du riche voisin. Le coin est retiré, et discrète la forêt. Un ruisselet coule dans le talus. De l'eau potable pour les villages de la vallée ?

Le canton le plus jeune et le plus progressiste a, lui aussi, ses cadavres dans le placard.

BERLINCOURT

L'hiver nous a rattrapés. À présent, on marche sous la neige et la pluie. Le paysage est noir et blanc, silencieux. Hommes et bêtes vivent à l'intérieur. Les portes restent closes.

But immédiat de randonnée, la chaleur d'une auberge, certes. Mais l'attrait des vitraux l'emporte. Leur promotion annonce « un phénomène artistique unique en Europe ». J'ai parcouru des routes du vin, des chemins des planètes, des sentiers sylvestres ; jamais encore une « route des vitraux ».

Nous avons commencé à Porrentruy, par ceux de Jean-François Comment[8] à l'église Saint-Pierre. Éblouis, nous avons décidé d'aller découvrir d'autres vitraux de lui et de ses confrères.

Au programme aujourd'hui, Berlincourt. Ce nom aux sonorités mystérieuses me séduit : il me fait penser à Berlinguer, l'ancien chef communiste italien pour lequel je craquais à l'époque ; à Berlin aussi, la lointaine. Berlincourt, il faut que j'aille voir ce village, pas seulement pour ses vitraux. Nous avançons dans la plaine vers le coteau enneigé piqué de peupliers nus. L'air est sec et froid. Tandis que nous nous approchons du village, je repense à hier. La neige mouillée giclait à chaque pas, et ce fut un soulagement d'ouvrir la porte de l'église de Courgenay.

Les vitraux de Jean-François Comment illuminaient le chœur. Ceux de la nef étaient vieillots, chargés de festons et de volutes, pleins de tourelles à l'arrière-plan, œuvres très moyennes d'une époque révolue.

Je les ai laissées pour m'approcher lentement du chœur où celles de Comment me subjuguaient, encore plus qu'à Porrentruy. J'ai vu des lignes qui vibrent et qui chantent, des couleurs sans entraves d'où jaillit la liberté. C'est ainsi que j'aimerais écrire, dans le langage de notre temps.

À Cornol, nous avons encore fui la pluie ; et vécu une nouvelle émotion dans l'église du village, par la magie d'un autre artiste au chromatisme lumineux : le Français Roger Bissière[9]. En acceptant la commande de ce village jurassien, il avait écrit qu'il voulait créer « simplement un jeu coloré, le plus gai et le plus clair possible », et limiter le religieux à une simple allusion.

L'un des vitraux m'a particulièrement ravie. Des rectangles de feu, porteurs d'inquiétude, contenus dans un cadre de roses tendres, de mauves et de verts délicats. Douleur maîtrisée, abolie. Je voulais acheter des cartes de ces œuvres lumineuses, en vain. C'est alors que la porte s'est ouverte sur une femme rondelette d'un certain âge. Après une génuflexion laborieuse, elle s'est affairée autour de l'autel, et notre recueillement a été perturbé par un sifflement de pompe : elle arrosait un philodendron au moyen d'un énorme vaporisateur. Je me suis approchée d'elle et lui ai demandé à acheter des cartes. Non, il n'y avait pas de cartes. « Bof, ces vitraux, rien de beau », fit-elle. Les anciens lui plaisaient bien mieux, on pouvait y reconnaître des personnages. « Que voulez-vous… », conclut-elle en retournant vaporiser le gommier de l'autel.

Nous avons atteint Berlincourt. Murs de pierres derrière des branchages nus, un patelin endormi. Pas d'église en vue ; mais un panneau en bordure de route annonçant l'attraction touristique de l'endroit : les « vitraux d'Estève ». Une grande flèche pointe vers la petite chapelle à la sortie du village. Fermée. Neige sur le parvis, sans traces de pas. Les amateurs de vitraux ne sont pas attendus en hiver.

L'auberge, au moins, est ouverte. Un café bien chaud, et nous demandons où trouver la clé de la chapelle.

La bistrotière indique la maison d'en face.

« C'est mademoiselle G. qui garde la clé. Elle est vieille, vous devez sonner plusieurs fois. »

Nous appuyons sur la sonnette, attendons, sonnons encore.

Un automobiliste s'arrête, descend, et nous conseille d'insister. Mademoiselle G. est vieille, dit-il, elle n'aime pas descendre les escaliers.

La porte s'ouvre enfin, Mademoiselle G. se tient sur le seuil, un angelot ratatiné à la maigre chevelure rouge feu. Elle nous confie aussitôt tout son trousseau de clés et, en souriant, nous prie de le remettre dans sa boîte aux lettres après usage, car elle n'aimerait pas descendre une seconde fois de la même journée.

Au seuil de la chapelle, dans la neige, l'empreinte de nos deux paires de souliers. Cette fois nous pénétrons dans un autre monde, chaleureux, vivant, étincelant. L'édifice lui-même est sobre : des briques, du bois, des bancs sans fioritures. Mais en haut, entre plafond et parois, flamboie tout à l'entour le kaléidoscope ardent des vitraux de Maurice Estève[10].

Comment un si petit lieu, un sanctuaire aussi insignifiant peut-il abriter pareil chef-d'œuvre ?

J'en trouve l'explication dans un livre[11]. Le peintre français, futur lauréat du Grand Prix national des Arts, avait déjà cinquante ans quand il s'est initié à l'art du vitrail. Juste pour une petite chapelle en Suisse. Jamais, dit le commentaire, il n'a répondu à d'autres offres.
Berlincourt.
Le nom – je n'en crois pas mes yeux – les trois syllabes de ce nom de Berlincourt ont suscité chez Maurice Estève une mystérieuse résonance. Et il a accepté ce travail sans savoir où se trouvait le village.

GILBERTE DE COURGENAY

«Ici vécut Gilberte de Courgenay», annonçait un panneau discret à l'Hôtel de la Gare fermé[12].
Cette Petite Gilberte était jadis la coqueluche de toute l'armée. En Suisse alémanique, elle symbolise toujours la Jurassienne par excellence pour les vieilles personnes. Je sais qu'il existe une chanson sur elle, mais je ne la connais pas.
De retour à Berne, je la recherche à la Bibliothèque nationale parmi les chansons militaires suisses. En vain. Je demande un CD dans un magasin de musique. Sans succès non plus.
Qui donc pourrait encore connaître cette chanson[13]?
Quelqu'un de ma famille m'en apporte le texte à domicile: croulant d'ennui. On me dit qu'il existe aussi un film sur cette fameuse Gilberte, et qu'il passe souvent sur le petit écran. Comme je n'ai pas la télévision, il faut que je me procure cette œuvre. Je trouve l'adresse du Centre de location des films scolaires à Zurich. Le film se loue; s'expédie sans appareil évidemment. Je dois donc trouver un projecteur et un écran. On m'indique une grande maison de projection; j'obtiens un

rendez-vous pour dans trois semaines, commande la pellicule. Il m'en coûtera deux cents francs.

Le même jour meurt le réalisateur Franz Schnyder. Son film, à ce que j'apprends le lendemain dans le journal, me serait parvenu gratuitement à domicile le soir même si j'avais eu la télé. Mais voilà le facteur, avec deux énormes cartons contenant les bobines. Trois semaines après, je les trimballe au studio de projection. L'opératrice embobine, tire les rideaux; me voici seule dans la salle obscure.

Évidemment, j'aurais pu y penser, un film sur le service actif de 1914 à 1918 ne va pas sans soldats. À vrai dire, il n'y a pratiquement que des soldats et des officiers, ça grouille de chevaux, de fusils et de canons.

Et pourtant l'histoire n'est pas mauvaise, portée de bout en bout par l'actrice principale, Anne-Marie Blanc, dans le rôle d'une jeune Romande souveraine, ravissante et distante tout à la fois.

Plus tard, je découvrirai les réticences des Ajoulots: beaucoup trop d'armée, et c'est même une Suisse allemande qui joue la Gilberte…

Soudain le film s'arrête. Croyant la première partie finie, je veux rejoindre l'opératrice dans sa cabine; celle-ci est vide, mais la pellicule jaillie de la bobine couvre le projecteur et s'emmêle au sol en une pelote échevelée qui serpente à ma rencontre. Où est l'interrupteur? Il y en a des tas. Comment arrêter ce cauchemar?

Attention, il y a sûrement encore des bouts de film par terre. Ne vous encoublez pas! Suffit que ça me soit arrivé.

Je suis tombée, les pieds subitement pris dans l'écheveau, prisonnière de cet enchevêtrement cinématographique et cherchant à me libérer.

C'était quoi, tout ce cinéma ?
J'avais l'intention d'écrire une histoire. J'avais enregistré tout ce qui pouvait me servir : l'homme aux ailes coupées, la tête de la Justice, la montagne bleue, les ordures puantes et la lumière des vitraux, des bobines entières de films.
Mais une histoire a besoin de personnages, pas de figures sorties d'un rêve ou taillées dans la pierre.

J'ai dû prendre patience, et vous devez faire de même.

NON ÉLUE

Saint-Ursanne attend les premiers amateurs de pêche. Mais personne n'est venu, malgré une série de claires journées de mars. La petite cité des bords du Doubs est sous la neige. J'ignore si le printemps se montre ailleurs.

Nous n'avons pas encore vu de journal, nous buvons le café du matin dans une petite confiserie. Deux chauffeurs de poids lourds s'y réchauffent aussi. À une petite table ronde attend un voyageur de commerce avec sa mallette. La vendeuse encaisse le petit-déjeuner d'une touriste qui demande le chemin des Franches-Montagnes d'un air maussade. Dehors, la neige s'est remise à tomber, bloquant tout projet de vacances, toute envie d'agir. Elle n'est pas venue quand nous l'attendions. Maintenant que plus personne n'en veut, voilà qu'elle s'impose. Les chauffeurs regardent par la fenêtre, l'air chagrin. Dans la rue, même les écoliers chaudement emmitouflés ont l'air maussades. Un gamin façonne une boule de neige, vise, fait mine de la lancer et la laisse tomber distraitement.

Entre une vieille avec une canne.

«Elle n'a pas été élue», se lamente-t-elle en regardant les pains frais et les gens muets, comme pour demander de l'aide. Personne ne lui répond. Elle s'assied à la table du représentant et lui conte sa plainte quasi personnelle.

Christiane Brunner n'a pas été élue au Conseil fédéral.

«Que voulez-vous», dit-il en haussant les épaules, c'est la politique. Puis il sort les échantillons de sa mallette et fait l'article à la vendeuse.

La vieille femme ne peut comprendre les intrigues et manigances de la lointaine ville fédérale.

Mais à part elle, personne à Saint-Ursanne ne semble en prendre ombrage. Christiane Brunner n'est pas Jurassienne, mais Genevoise.

Et Genève, me rappelle-t-on, a pris poliment ses distances quand le Jura a voulu devenir indépendant. Neuchâtel s'est tu également, à cause des protestants du Jura-Sud. Fribourg et le Valais se sont montrés prudents par égard pour leurs régions germanophones. De tous les Romands, seuls les Vaudois se sont engagés clairement pour le nouveau canton[14], voilà ce qu'on m'a raconté.

LE CONGRÈS DE VIENNE

Les Vaudois auraient donc compris le Jura dans son combat contre Berne.

L'affirmation m'oblige à faire un retour dans le passé. À un certain moment, on s'est trompé d'aiguillage. Il y a eu quelque part une table couverte de cartes de géographie, sur lesquelles les puissants ont tracé à la règle de nouvelles frontières à travers collines et vallons. Les sans-grades, les petites gens, n'ont pas été consultés.

Cela s'est souvent passé ainsi, il en va de même de nos jours et ce n'est pas fini.

Durant l'hiver 1814 à 1815, à Vienne, la carte de l'Europe était déployée sur une grande table. L'empereur, les rois et le tsar n'étaient plus scotchés sur leur trône par la grâce de Dieu; d'où l'urgence de fermer le caquet à ce peuple qui s'était cru si important tout à coup. Il avait la tête pleine d'idées révolutionnaires qu'il fallait extirper au plus vite : sur ce point du moins, tous les princes s'accordaient. Quant au reste… Metternich, le chancelier d'Autriche, voulait restituer à chacun ce qu'il possédait avant que Napoléon ne vînt établir de nouvelles frontières. Mais les délégués des puissances européennes n'étaient pas pressés, la vie viennoise était trop belle. Plutôt que de revendiquer à la table des négociations d'anciens territoires qui leur reviendraient de toute façon, ils préféraient faire valser les dames sur les parquets.

Je devrais m'informer sur la Hofburg, sur les palais et les châteaux de Vienne, mais comment m'y prendre avec une ville qui tant de fois déjà a tenu la vedette dans l'histoire et la littérature ?
Il me faudrait savoir aussi qui d'autre a vécu à Vienne au temps de ces festivités européennes.

N'est-ce pas le jeune Schubert qui, en ces années-là, a composé un lied immortel sur un poème du vieux Goethe, « Viens, douce paix, ô viens en mon sein »[15] ?
Le célèbre van Beethoven vivait là, lui aussi ; son ouïe baissait déjà alors qu'il avait encore tant d'œuvres à composer.
J'aimerais bien m'attarder sur la musique qui se faisait alors à Vienne, mais je dois m'approcher du politicien, du prince habsbourgeois Klemens Lothar von Metternich, chargé non pas nos petites paix particulières, mais celle de toute l'Europe. Et j'aurais à ingurgiter d'innombrables pavés sur ce Metternich.

Mais qu'il est commode de s'absorber dans les livres déjà écrits plutôt que d'écrire soi-même!... De convoquer le prince dans la salle de la Hofburg, de le faire s'avancer à la table de la Commission spéciale pour les affaires des Confédérés, qui se perd depuis une année dans les broutilles helvétiques et qui se tait à l'instant, car Metternich a la parole. Ministre des Affaires étrangères et chancelier de son puissant empire, c'est lui qui sait le mieux ce qui est bon pour tous. Y compris pour la petite Suisse.

Il souscrit à la création de trois nouveaux cantons, Genève, le Valais et Neuchâtel, mais n'a point d'oreille pour le Jura. Le tsar de toutes les Russies, à la demande de son précepteur vaudois Frédéric-César de la Harpe[16], a rompu une lance en faveur du pays de Vaud et de l'Argovie, privant ainsi les seigneurs bernois de leurs sujets. Le prince Metternich de pointer alors le doigt sur la carte en leur promettant généreusement une compensation. Berne aura le Jura, en dédommagement des territoires perdus.

Monsieur Zeerleder, qui faisait tapisserie, se prosterne et monte en hâte dans sa calèche à destination de Berne, où Karl Ludwig von Haller commence la rédaction de sa « Restauration de la science politique »[17].

Les délégués du Jura repartent les mains vides: une déception de plus. Eux aussi vont devoir la boucler. Tout comme les petites gens ordinaires, ils réapprendront à obéir; non plus à leur prince catholique certes, mais aux nouveaux seigneurs de la Berne réformée.

En admettant que le tsar ne fût pas intervenu à Vienne en faveur du Pays de Vaud, il y a belle lurette que les vignerons du Léman auraient renversé leur vin aux pieds des Bernois, détruit leurs maisons baillivales et obstrué le tunnel de Puidoux-Chexbres[18]. Leur patience eût été à bout il y a longtemps déjà.

AFFICHES

Un peu gênant, ce bout de latex et cette jeune femme qui affirme sa conviction que « jamais sans ». Même si les tabous sont brisés depuis longtemps, personne n'aime à en parler publiquement, encore moins une femme. Pas évidentes vraiment, ces affiches, quand on se promène avec un enfant. Éducation sexuelle anticipée, sans saveur, mode d'emploi technique avant « l'intime baiser du ciel à la terre » ?

Désagréables aussi, ces affiches, puisqu'elles empêchent d'oublier l'horrible maladie : le jeune musicien mort trop tôt dans notre ville ; des nouveaux-nés qui expirent dès leurs premiers jours de vie à l'hôpital.

Pour l'heure, la maladie est encore inguérissable.

Les affiches sont nécessaires, elles invitent à écarter la menace de la maladie si l'on veut vivre et aimer. La démarche est pertinente : identification de la maladie et de son agent, recherche et diffusion maximale des méthodes prophylactiques appropriées.

Qu'en est-il du syndrome de la guerre, ô combien plus dévastatrice ? Connaît-on son agent ? Et la prévention, et l'immunisation, qui enseigne cela ?

Peu après le Congrès de Vienne, Bettina von Arnim écrivait : « Quand une telle épidémie meurtrière envahit les empires et introduit la mort dans chaque foyer, alors la peste est bénigne en regard de cette furie du pouvoir qui sévit bien au-delà des passions des peuples ; dans sa marche impitoyable, elle extermine les peuples eux-mêmes. »

Depuis Bettina von Arnim, nombreuses sont les femmes qui ont essayé d'empêcher une guerre imminente. De par leur position de faiblesse dans la société, elles n'ont jamais abouti à rien.

Les livraisons d'armes ne devraient-elles pas être clairement déclarées sur l'emballage ?
Attention, danger d'assassinat.
Ne faudrait-il pas examiner aussi certains modes de penser ? Ces classements qui répartissent les gens en spécimens plus ou moins « conditionnables »…

Une fois manifeste, le syndrome de la guerre ne peut plus se soigner. À la rigueur encore lors de la découverte précoce d'un premier symptôme. Sous les tropiques, la moindre piqûre de moustique qui suppure est à prendre au sérieux sans délai. Aucun patient ne se permettrait de banaliser une telle infection, ridiculement bénigne en apparence. Non traitée, elle dégénérerait en un chancre aux conséquences gravissimes.

Drôle d'idée que la mienne, de comparer le conflit jurassien avec ce qui se passe en ex-Yougoslavie… Pourquoi vouloir monter en épingle quelque chose d'anodin, qui ne mérite pas la moindre manchette au regard de l'actualité internationale et de nos âpres conflits identitaires, luttes de libération et autres mégalomanies ?
Il s'agit de prendre au sérieux une piqûre de moustique qui suppure.

Les garçons de notre quartier jouent à la guerre. L'un d'eux commande, les autres obéissent.
Comme écolière de première année, je les adorais, les garçons. Walti, yeux bleus, pétillant d'intelligence ; René, mauvais élève, mais des dents d'une blancheur éclatante et un rire ravageur ; Mändu, si irrésistible dans son pull troué ; et Pesche ; et Aschi de la rue Ladenwand. Individuellement, je les aimais bien plus que les filles ; mais en groupe, ils me faisaient peur. Quand je voyais des garçons rassemblés à la sortie de l'école, je changeais de trottoir. Il suffisait d'un trio et ils étaient mécon-

naissables, à jouer les matamores et faire claquer leur fouet sur les mollets des filles.

Le Bélier et les Sangliers, deux associations de jeunesse, fers de lance des clans antagonistes dans le Jura – les premiers pour le nouveau canton, les seconds pour la fidélité à Berne – recrutent toutes deux les mâles dès l'âge de seize ans.

Les garçons, les jeunes gens : peut-être le plus grand groupe à risques, facile à manipuler.

Chaque dictateur abuse d'eux en criant « Vive la patrie » alors qu'il ne pense qu'à lui-même ; en parlant de foi alors qu'il pense au pouvoir ; en incitant les gars à faire claquer leur fouet, et pas seulement sur les mollets des filles.

Quelles affiches imaginer qui mettraient en garde contre le syndrome de la guerre. ?

CERTAINS CHEMINS

Nous quittons la petite ville de Saint-Ursanne et montons à la gare. En bas scintille le Doubs, et la neige sur le coteau rit au soleil. Je suis d'excellente humeur, tant de lumière désaltère l'âme. Un monsieur d'un certain âge nous rend salut et sourire ; lui aussi est heureux du temps qu'il fait. Il se joint à nous et parle des temps anciens, quand les sabots de Vénus et les lys martagon poussaient encore au bord de la rivière et qu'en face de la ville – il pointe vers les bâtiments – on fabriquait de la munition[19]. Nous évoquons notre découverte des vitraux de Comment dans le home pour personnes âgées. Il connaît personnellement l'artiste et se réjouit que ses œuvres attirent des touristes dans la petite ville, même en hiver.

Dans le train, il s'assied près de nous et, avant l'entrée du tunnel, regarde soudain le coteau éblouissant de neige en nous montrant une maison, de vacances sans doute. Je ne comprends pas tout de suite ce qu'il veut dire.

Ils le tiennent maintenant, dit-il, ils l'ont attrapé à Amsterdam.

Et il ajoute que le chemin pédestre pour Saignelégier passe devant sa maison. À Saint-Ursanne, on a toujours pensé que le mal se commettait très loin, à Zurich, Bâle ou Berne, et voilà que ça s'était passé ici, si près, et personne n'en savait rien. Personne non plus ne le connaissait, il était de Zurich.

Il parle du tortionnaire de bébés. Les médias ont fait état de ce pédophile, de son sinistre plaisir à torturer les enfants qu'on lui confiait.

J'éprouve à nouveau cette douleur en moi – la même qu'il y a peu – une douleur poignante, colère, impuissance, noir chagrin. Tout ce que nous vivrons aujourd'hui, le soleil, la neige sur les Pommerats, l'air frais et le plaisir de marcher, tout sera entaché de cette noirceur sans fond.
Jadis, je ne connaissais pas cette forme de douleur. Je l'ai éprouvée pour la première fois aux récits des tortures aux confins de l'Europe, images à l'appui. Un enfant blessé, un bandeau sur la tête ; dans un carton à chaussures, il porte devant lui son petit ours qu'il protège. Les femmes violées. La quadragénaire au gros ventre. Ses yeux ! Sa fille au regard vide, dans un vêtement déformé par sa grossesse. Les six femmes, lit contre lit dans la salle trop petite, sans joie après l'accouchement.
Ma compassion pour ceux qui sont sans défense. Ma vaine colère contre les tortionnaires. Ma crainte des conséquences. Chaque torture, chaque viol porte en soi le germe de nouvelles misères.

Que deviendront ces enfants ?
Privés d'amour, ils seront du nombre des cas difficiles, des criminels ; et chacun secouera la tête devant tant de méchanceté dans un être si jeune.

Mon père est la violence
Ma mère est la souffrance
Et je les porte tous deux en moi

Je vis dans la violence
Et j'éprouve la déchéance
Et personne ne se soucie de moi

Je vous bute tous
Et si jamais je cane,
Si je me soucie de quelqu'un,

C'est grâce à elle seule,
Grâce à son amère patience
Elle m'a longtemps porté en elle

Dans le tunnel pour Glovelier, je sais déjà que je ne passerai jamais devant la maison du tortionnaire pour monter à Saignelégier, malgré le charme de l'endroit.

Enfant déjà, j'évitais certains chemins. Au départ de la promenade familiale le long de l'Aar, je plaidais autant que possible pour la rive droite, sans pouvoir dire pourquoi. Je voulais échapper à la Tour du Sang. À l'époque, je ne savais encore rien de l'ancienne affectation de ce lieu, théâtre de jugements et de supplices, mais en secret j'ai toujours éprouvé une grande angoisse, une oppression aux abords de cette tour.

Un instant, s'il vous plaît: à l'endroit exact où vous vous trouvez, j'ai une question.

Une vraie, je nous la pose, à vous comme à moi:

À votre avis, est-il, encore défendable de nos jours, dans la production de films, de pièces de théâtre et de récits, d'inventer des scènes de violence gratuite?

(Pour vous secouer, comme disent les auteurs.)

DÉPART SOLITAIRE

Je suis au centre de Porrentruy, désemparée. Tout est fermé, y compris le tea-room si sympa. Maisons mortes, rues vides, pas un enfant dans le parc. Un dimanche capricieux que la fin avril parsème de flocons de neige. J'ai certes un parapluie, mais mes chaussures sont trempées et mes pieds aussi.

Pourquoi n'ai-je pas pris mes quartiers ici?

Sotte idée que de m'enterrer dans un village près de la frontière, dans une grange de pierre à côté du cimetière; au rez-de-chaussée, la remise à outils – le «chédail» –, en haut, une chambre.

C'est là que j'habite pour l'heure, peut-être dans l'ancienne turne d'un valet de ferme.

Première nuit, dormi seule, pas l'habitude. Quelque chose ne cessait de monter l'escalier; ça respirait juste derrière la porte, ça chantonnait; tantôt doucement, tantôt fort. J'ai trouvé l'explication au matin, en attendant le bus. Les palissades, la niche du chien, les grilles de jardins: tout chante ici, mû par le vent. C'est lui le maître des lieux, le chef d'orchestre.

Pendant la nuit, je n'en avais aucune idée; j'étais restée couchée dans mon lit, baignée de sueur, et résolue à rentrer le lendemain. Mais le matin, j'ai décidé de tenir le coup. Finies les enquêtes confortables en compagnie des miens.

J'aimerais rencontrer des gens, entrer en conversation avec eux, de manière informelle d'abord, avant d'aborder le sujet délicat de leur vie présente et de leurs problèmes passés. Et les citadins doivent être d'un abord plus facile.

Me voici donc dans la vieille ville de Porrentruy. Mon regard arpente la rue du 23-Juin; mais à part les deux Tamouls plantés sous l'arche de la porte de ville, il n'y a pas âme qui vive.

Quel soulagement! Jamais mon français et ma timidité ne m'auraient permis d'entamer une conversation dans la rue avec des Jurassiens.

Comment vais-je passer mon après-midi dans cette ville étrangère? Plus question de travailler, je voudrais simplement pouvoir me mettre au chaud quelque part jusqu'au départ du car postal. Aucun restaurant ne semble ouvert. Même le temple est fermé, qui serait chauffé par un jour pareil. Cela me met en colère, car cette porte devrait s'ouvrir en tout temps pour la protestante que je suis.

J'entends un brouhaha sortir d'un bistro. Je pousse la porte, vais à la table la plus proche avec mon parapluie qui dégouline, regarde autour de moi. C'est un bistro pour les jeunes. On me sert bien un thé, mais les voix se taisent, mes cheveux gris dérangent. Je bois en hâte et disparais.

Un flash de soleil dans la rue me fait oublier mon parapluie. J'avise un panneau indiquant une exposition: «De 1792 à 1813 nous étions français».

Elle a lieu au Musée de l'Hôtel-Dieu et s'ouvre en ce moment même.

Je trouve cet ancien hôpital, mais à la grille en fer forgé qui donne sur la cour de la vénérable bâtisse, le ciel soudain noir ouvre ses vannes. Je suis trempée jusqu'aux os et vais le rester, prendre un sérieux coup de froid et me réveiller demain avec la toux et un mal de gorge. Mais peu importe : me voici en piste.

Poussée par une vague intuition, je trouve ici une exposition qui me captive aussitôt. Devant moi se déroule une suite d'années-clés qui ont marqué le passé de cette région. Une période au cours de laquelle le Jura-Nord – après une brève illusion dans sa propre République – fut annexé par la France dans le Département du Mont-Terrible, puis dans celui du Haut-Rhin.

À la sortie, j'achète la brochure, que je lirai dans le bus qui me ramène à ma grange.

MICROCOSME

La gare de Porrentruy en impose avec ses deux buffets, l'un pour le peuple et un autre avec des nappes blanches. Son architecture monumentale annonce les intercities et le TGV, et le large quai semble conçu pour des masses de voyageurs pressés.

Rien de tel. N'entrent en gare ici que des omnibus, l'un de Delémont, l'autre de la frontière et, sur la deuxième voie, le petit train de Bonfol qui s'arrête sur son parcours aussi souvent qu'un tram.

La jeune intelligentsia du canton y zone en attendant le train. À part cela, la gare reste vide la plupart du temps.

L'autre jour, j'attendais, toute seule. Un train s'est arrêté. Deux femmes et un homme en sont descendus. «Attendez», a crié le contrôleur en se précipitant vers les toilettes du bâtiment principal, la sacoche ballante. Peut-être avait-il la diarrhée. Le mécanicien et le chef de gare l'ont charrié, rieurs :

«Ben mon vieux, dépêche-toi…»

À Porrentruy, on gère les arrêts avec générosité. J'étais déjà assise à la fenêtre, en partance pour Delémont, lorsqu'un vieil homme avec un sac à dos est entré dans le compartiment en hésitant. Il voulait savoir si c'était le train pour Alle. Je ne savais pas. L'homme a posé le sac sur une banquette, est descendu, a demandé au chef de gare, est revenu, d'un pas plus rapide tout de même, a repris son sac et poussé un soupir de soulagement en quittant le compartiment à temps. Son voyage de retour a failli mal commencer.

À présent, je sais où se trouve Alle et pourrais informer le bonhomme, car mon petit train passe dans ce village juste après le départ de Porrentruy.

Bonfol, terminus. Le trajet dure quatorze minutes. Vu de ma grange, c'est l'accès au vaste monde. Mais je dois d'abord traverser à pied des champs pleins de gouilles et de juteuse boue printanière.

Aujourd'hui, au départ de Bonfol, je fourre mes chaussures de marche crottées dans un sac en plastique. J'en ai mis d'autres qui conviennent pour Delémont. J'attends le petit train rouge et y monte aussitôt qu'il arrive, consciente que l'attente ne fait que commencer. C'est que le mécanicien fait ici sa pause-café.
Quand il réapparaît, il doit contrôler les billets avant de se rendre dans la cabine de conduite. Suit une série de bruits préliminaires, comme avant le départ d'un DC9. J'aimerais bien qu'on parte. À Porrentruy je devrai changer de train. Avant l'entrée dans la grande gare, je me lève pour courir jusqu'à la voie une où attend le train de Delémont. Ouf! je l'ai eu, plus rien ne peut m'arriver. Mais voilà qu'on toque à la fenêtre. C'est le conducteur de la loco du petit train rouge. Que me veut-il donc? Le train s'ébranle doucement, l'homme continue de toquer. Je descends la vitre, et un sac en plastique fait irruption dans le train qui roule : mes chaussures de marche.

L'ALOUETTE DE DELÉMONT

L'église est au milieu du grand village. J'imagine qu'il s'y déroule une vie communautaire plus intense qu'en ville. Je ne connais la vie paroissiale catholique que par ouï-dire ; mais ici en Ajoie, elle m'intéresse plus que celle des communautés protestantes dans leurs petites salles de réunion.

Le réveille-matin me rappelle brutalement à mon projet, et je quitte ma grange.

M'attend un trajet d'une heure à pied. La forêt me bat froid, le ciel me boude. Je parcours ma route en silence ; je n'ai encore parlé à personne, rencontré personne, c'est comme si j'étais la seule au monde, en ce dimanche matin, à se soucier d'une église et d'un début de messe.

Le village s'anime, ça trottine : d'abord en noir, courbé sur une canne, puis avec l'élégance des hauts talons et, peu avant dix heures, à pas vifs, en couleurs et la bouche pleine de rires.

Je prends place bien assez tôt au bout du dernier banc. L'église est bien chauffée, ce qui améliore mon humeur. Entre un personnage en pull tricoté, encore mieux luné que moi. Il siffle, jette un coup d'œil aux bancs, me découvre et vient me saluer en me serrant la main comme si nous étions de vieilles connaissances :

« Je suis le curé », dit-il.

Je me faisais une autre image d'un curé catholique. À son pull, à sa dégaine, on aurait dit l'un des nôtres.

Le chœur de la paroisse, « la Sainte-Cécile » comme ils disent ici, répète depuis un moment sur la tribune, mais ne maîtrise pas encore son affaire. Une voix prend la mélodie en solo et le groupe la suit – que des voix de femmes. Comme partout ailleurs, on s'arrête quand on détonne, et le rire de la galerie déboule sur les fidèles qui entrent en se prosternant.

Je crois reconnaître la voix de la soliste. C'est une voix de femme, pas celle d'une écolière du village ; une voix formée, sûre et précise, noble et chaleureuse. Elle dirige le chœur et le fait répéter, sur les accords de l'orgue, jusqu'à ce qu'elle soit satisfaite. Je l'entends maintenant qui descend de la tribune. Elle avance rapidement dans l'église, fait une génuflexion, monte jusqu'à l'autel, refait une génuflexion tandis que le curé, à présent vêtu de sa chasuble blanche, s'avance par l'autre côté et se prosterne de même. Les deux se rencontrent au centre, fléchissent encore les genoux ensemble puis retournent chacun de leur côté ; une chorégraphie bien réglée, elle en pantalon, lui en robe.

Je ne me suis pas trompée : cette cheffe, je la connais. En ce dimanche, elle a quitté son bureau de l'autre côté de la montagne et, au lieu de s'occuper de l'égalité entre hommes et femmes, elle anime la liturgie musicale du service divin. La voilà qui affiche les numéros des chants à l'un des piliers de l'église.

Chaque dimanche, me confieront les choristes, elle revient de Delémont pour diriger « la Sainte-Cécile » à la messe de son village. Humblement, loin de toute pensée carriériste, elle fait monter dans le chœur son chant de louange, comme une alouette.

DANS LA CABINE TÉLÉPHONIQUE

Dans mon refuge, il n'y a pas de téléphone. Garanti pour un travail sans dérangements.

Seulement, j'en suis encore loin, je ne peux pas rester assise à ma table de travail. J'ai besoin des gens, et ceux-ci ne se présentent pas spontanément. C'est à moi de nouer les contacts, d'abord par téléphone.

Dans la cabine du village, l'appareil est détraqué. Il y en a un, me dit-on, dans la salle de l'unique hôtel. Mais mon français chaotique me retient : je n'aimerais pas établir ces contacts devant témoins.

Reste le village voisin, donc de nouveau une marche. Mon équipement, cette fois, est professionnel : les noms et adresses que l'alouette de Delémont m'a notés, du papier et de quoi écrire, ainsi que l'horaire des trains et bus suisses. Sans oublier ma bourse avec beaucoup de pièces de vingt, de cinquante centimes et d'un franc. Et bien sûr mon parapluie.

La plupart du temps, la cabine est vide ; mais ce dimanche, elle est d'abord occupée par un homme aux cheveux noirs, accoudé contre la paroi, qui joue avec le cordon et parle turc peut-être ; je ne sais pas.

Après avoir déposé mes affaires en bon ordre et composé le numéro, je peux y aller d'un bonjour de la part de l'alouette. Ça aide et ça fait sérieux. Chaque fois, je dois trouver une explication à ma démarche. Plus tard, lorsque je serai reçue et que nous serons assis face à face, je pourrai m'expliquer. Tout se passe ensuite plus facilement, surtout avec les femmes. Quand je dis que je ne sais pas encore ce que je vais écrire, que je suis en train de rassembler des petits cailloux pour en faire une mosaïque, elles semblent comprendre et se mettent volontiers à parler. Les hommes sont plus circonspects, ils aimeraient connaître mes intentions. Mais eux aussi se montrent plus confiants à la table familiale ou au bistrot qu'au téléphone.

Chaque appel me pèse. Je n'aime pas téléphoner. En ce moment, je ferais n'importe quoi plutôt que de décrocher le combiné et, de mes doigts gourds, chercher des pièces d'un franc au fond de mon porte-monnaie. Dehors les nuages ont rouvert leurs vannes, ce qui m'isole doublement. Grande est ma tentation d'appeler Berne et de dire : Tu sais, je me sens si seule.

Rentre donc, serait la réponse.

Personne ne m'a forcée à venir ici, personne ne m'oblige à prendre contact avec les gens d'ici.
Et pourtant je dois le faire.

C'est un sentiment analogue à celui qui pousse ce musicien septuagénaire à manifester contre la guerre en Bosnie. Tous les mardis, il est assis sur une passerelle de la gare de Berne, déguisé en vieille femme, muet, la bouche ouverte de douleur et tenant dans les bras une grande poupée maculée de sang. D'autres s'investissent dans des actions de secours privées : collectes de vêtements et de nourriture, convois de médicaments vers des hôpitaux bondés. Ils agissent en désespoir de cause face à cette guerre entre voisins, à deux heures de vol de chez nous, alors qu'on travaille à former une Europe unie à partir des cultures les plus diverses.

Moi, ce sont mes propres voisins qui m'interpellent. Pourquoi n'ont-ils plus voulu vivre avec nous ? Qui sont-ils, ces gens de l'autre côté de cette montagne bleue ? J'aimerais bien apprendre à les connaître.

Je compose le prochain numéro en respirant profondément.
Bonjour Monsieur, j'ai des salutations pour vous de…, je m'intéresse à… pardon, je m'appelle… oui, de Berne…

UNE VISITE

Le car postal m'amène à Porrentruy bien avant l'heure. Mon rendez-vous est à quatre heures, et il est midi. Que faire jusque-là dans cette ville que je finis par connaître ?

Je me promène dans les quartiers extérieurs où les styles les plus divers cherchent à se damer le pion. Le chalet s'y profile à côté de la villa mauresque, le toit plat moderne à côté du faîte aigu, et les jardins alignent leurs plates-bandes tirées au cordeau ou prennent des allures sauvages de biotopes. Je me prépare mentalement à la visite.

Tout avait commencé par cet étang.

Il y a plusieurs mois, nous avions traversé la forêt de Vendlincourt dans une neige profonde. Le soir était tombé et il neigeait toujours, nos pas étaient silencieux. Pas un bruit, nulle part. La forêt nous avait avalés, pour toujours probablement, et un étang noir nous guettait, encadré de blanc.

Le lendemain, ce même étang me faisait signe sur la couverture d'un livre: des arbres qui se miraient dans l'eau, en noir et blanc. Séduite, j'ai acheté l'ouvrage et me suis mise à lire ces «Contes et récits du Jura». L'un des auteurs, Jean Gigon[20], semblait avoir écrit aussi une nouvelle, «L'été de la Saint-Martin».

Je l'ai commandé quelques semaines plus tard dans une librairie de Porrentruy, ce livre de monsieur Gigon.

L'été de la Saint-Martin.

Il est épuisé, m'a-t-on dit, mais je pouvais le trouver directement chez l'auteur; il habitait en ville. Voulez-vous que je vous mette en rapport avec lui? m'a demandé la vendeuse.

Craintive, j'ai refusé. Non, déranger quelqu'un à la maison, devoir expliquer la raison de ma visite à un parfait inconnu, en français… en aucun cas.

Peut-être que je le lui demanderai par écrit plus tard.

Maintenant que le français me bloque moins et que je connais un peu l'Ajoie, j'ai osé appeler. C'est sa fille qui a répondu. Monsieur Gigon était «malheureusement» sorti. Si je voulais bien rappeler le lendemain. Et aujourd'hui, ça a joué. C'est dimanche, à quatre heures j'irai chercher le livre. Les Gigon habitent rue de la Synagogue. Que de fois ai-je passé ici ces derniers jours sans savoir qui vit presque en face de ces tables de pierre aux caractères hébraïques!

Un magnolia fleurit à l'entrée de la villa, mais moi, je suis bien emmitouflée. Porrentruy est pour moi synonyme de froidure. Dans l'appartement je garde tout d'abord mon manteau, pour bien signifier que je n'ai pas l'intention de voler ce dimanche après-midi à monsieur et madame Gigon. Mais je ne tarde pas à me raviser, tant ils me reçoivent cordialement. Madame me tend un cintre, et monsieur me dit qu'avec une si belle robe on ne garde pas son manteau. Pourtant, rentré hier de l'hôpital après une opération des yeux, il ne doit pas encore voir grand-chose. Il me demande d'où je connais son nom et le titre du livre, et pourquoi je suis ici. Mes réponses l'enchantent : une Bernoise qui vient en vacances en Ajoie, il n'avait encore jamais vu ça!

Pourquoi donc en Ajoie?

Je voudrais découvrir l'autre face des choses ; et il comprend ce que je veux dire.

Je bluffe un peu en disant que j'ai ouvert une carte et cherché la localité la plus éloignée de Berne, et voilà...

Ah, rien qu'avec ça on ferait déjà une nouvelle, dit-il en me félicitant.

Vous avez fait la seule chose valable, aller voir sur place au lieu de juger de loin. La seule chose qui vaille. Il fait un signe à sa femme, qui sort et revient avec des verres et une bouteille.

Santé!

Ce serait le bon moment de lui avouer que je suis une collègue. Pourquoi est-ce que je ne dis rien ? Tandis qu'il m'écrit une dédicace dans le livre qu'il m'offre, que je range mon porte-monnaie devant tant de générosité, que nous nous entretenons comme de vieilles connaissances, je ne puis me défaire de l'impression d'être une espionne, une tricheuse, qui fait la taupe à bon compte chez la partie adverse pour se faire bien voir.

J'ignore encore tout de l'amitié qui naîtra de la lecture réciproque de nos livres, et du repas délicieux que Jean, le poète et maître-queux, me servira à la cuisine avec Marthe, son épouse.

Halte! Les photos sont interdites!

D'accord, l'image est jolie. C'est saint Laurent, un livre ouvert à la main.

D'ordinaire, les saints ne m'intéressent pas.
C'est un ami qui m'a glissé l'icône sous la porte de mon atelier. Une lubie qu'il m'a ainsi fourrée dans le crâne avant de me convaincre pour de bon.
Saint Laurent, m'a-t-il dit, est le patron avisé de tous ceux qui écrivent sur le Jura; un pèlerinage chez lui te serait peut-être profitable.

Ce pèlerinage, je l'ai accompli aussitôt; je me suis donc assuré également la protection de saint Laurent, au grand dam de mon âme protestante.

Son effigie, je l'ai suspendue ici.
Saint Laurent est ma mascotte numéro deux.
Vous voyez, il sourit comme la Justice. Avec un peu plus de sérénité peut-être.

TRANCHÉES

Eva et Nathalie viennent me rendre visite en fin de semaine. Nous louons des bicyclettes pour faire une excursion hors de Suisse. De Réchésy, nous longeons la frontière en direction de l'est, côté France. Les champs y sont plus vastes qu'en Ajoie et les vaches, blanches. Sinon il n'y a guère de différences. Le soleil, le vent et la compagnie de cette jeunesse me font du bien.

À Pfetterhouse, nous avons déjà soif. L'aubergiste nous installe une petite table sur la terrasse.

Nous savourons notre bien-être au soleil de l'été qui nous fait cligner des yeux. Je ne sais encore rien de ce qui s'est passé ici pendant la Seconde Guerre mondiale. Pour l'heure, je ne vois en Pfetterhouse qu'un lieu paisible, un village typiquement alsacien, tout différent de Réchésy plus français d'allure.

Pour atteindre Courtavon, nous traversons un bout de forêt suisse, le fameux Largin dont on m'a déjà parlé. La frontière n'est guère apparente. À qui sont ces foyards, ces églantiers et ces pigeons qui roucoulent, à nous ou aux Français ?

Le coin me plaît, un échiquier de trous d'ombres et de flaques de soleil ; je prends mon temps et roule loin derrière les filles, jusqu'au pont qui m'intrigue : selon la carte, il n'y a pas de rivière, pas de ruisseau. Je descends de vélo, me penche par-dessus le parapet. Sous mes pieds passe une tranchée desséchée, large et profonde, recouverte de hautes herbes. Elle fait penser aux anciens fossés des châteaux et des villes, de nos jours souvent convertis en parcs animaliers. Quant à être la frontière, cette tranchée est trop rectiligne[21].

Le lendemain, je vais voir madame G. à Bonfol, qui a plus de quatre-vingts ans. Elle a vécu sa jeunesse avant la Dernière Guerre mondiale ; en ce temps-là, elle achetait ses chapeaux et ses chaussures à Pfetterhouse, qui était plus proche : le train passait encore la frontière alors qu'à présent il s'arrête à Bonfol. Mais pour danser, on allait à Réchésy, derrière le poste de douane, dans une auberge tombée en ruine depuis lors. Madame G. aimait tellement danser – « on était jeunes » –, le samedi on y allait en bandes et on s'amusait bien...

Puis il y a eu la guerre, dit-elle, et ce fut la fin.

On a dû s'occuper des réfugiés, des tas, des tas qui prenaient la fuite par le Largin.

Ils s'asseyaient là, dit madame G. en montrant le canapé et les chaises. Soir après soir, nuit après nuit, toujours d'autres.

Son frère partait dans la forêt à la tombée de la nuit et rentrait avec des fugitifs, tous hagards. Pendant la nuit, il leur jouait de la guitare et chantait des chansons. Puis au petit matin, avant d'aller à la fabrique, elle prenait le relais, elle achetait des billets à la gare, tant et tant de fois Genève-Annemasse. Les fuyards, hommes et femmes, restaient tapis dans l'obscurité jusqu'à l'ultime moment avant le départ du train. Pas à cause du contrôleur, il était de mèche, il était d'ici. Mais on avait peur des douaniers, c'est toujours des Suisses allemands qu'on envoyait ici, exprès bien sûr. Les réfugiés une fois embarqués pouvaient filer vers le midi de la France qui était encore en zone libre. Après la guerre, quelques-uns sont revenus dire merci à son frère.

Il est mort, dit-elle tristement.

J'aimerais l'éloigner du souvenir de son frère, je la questionne sur cette tranchée du Largin, peut-être qu'elle s'y connaît.

«Oh les tranchées, les tranchées de Pfetterhouse.» Ses yeux brillent, elle rajeunit.

Il y a une chanson, dit-elle, je suis la seule qui la connaisse encore. Il faudra que je la chante en public, les gens de Pfetterhouse ont envie de l'apprendre.

Et si elle la chantait maintenant, rien que pour moi?

Elle fait des manières, rajuste ses boucles argentées, se tâte la glotte, dit qu'elle est enrouée. Mais son envie de chanter crève les yeux.

Elle commence par m'instruire. Ces fossés, «les tranchées», ça date de la Première Guerre mondiale, quand ceux d'en face – elle fait un signe de tête en direction de Pfetterhouse – ont pu redevenir Français.

Elle se racle la gorge et se met à chanter, d'une voix douce et ferme :

« En avant d'un village
Qu'on nomme Pfetterhouse
Une tranchée donne passage
Aux soldats nuit et jour »

Les strophes se succèdent, sur la vie dans les tranchées, la mort qui guette, la bonne pitance – riz japonais et saucisse australienne –, l'absence d'amour et de femmes, hormis Rosalie Baïonnette qui couche dans les tranchées, la coquette – et bien sûr ces fléaux d'Allemands et leur tapage.
Arrivée au bout de la chanson,

« Si nous avons lutté
C'est pour l'humanité »,

madame G. a des larmes plein les yeux, et je suis prête à croire avec elle que ce sont les Français qui ont défendu l'humanité.
Mais sur le chemin du retour me poursuit cette histoire qu'elle m'a rapportée du temps de la Seconde Guerre mondiale, sur l'instituteur de Pfetterhouse et deux jeunes femmes – enseignantes elles aussi ? j'ai oublié de lui demander – « les Hitlériens » qu'on les appelait, et on les craignait beaucoup.
Ils ont collaboré avec la puissance d'occupation et instauré la délation dans leur propre village.

VERTIGINEUX

Qui ne connaît la violence faite aux vaincus par la langue de l'occupant ? La terre entière fourmille d'exemples.

J'en ai vécu un, certes anodin, en troisième année de scolarité primaire à Berne. Dans une composition, j'avais écrit que nous étions allés *obsi*, en haut.

Obsi, tonna le maître, *isch das es tumms Meitschi, obsi, was heisst obsi uf Schrifttütsch?*

Quelle sotte, cette fille qui ne sait même pas comment on dit « monter » en « bon » allemand[22] !

C'est ainsi qu'à l'école nous avons dû renoncer à tout un vocabulaire d'une expressivité sans bornes – *chlefele, chüderle, chääre; tschudere, tschädere, tschaupe* – et cela non seulement à l'école, mais plus tard aussi, dans les textes professionnels où l'on pourfendait les helvétismes et notre syntaxe prétendument incorrecte. Étions-nous trop obéissants en Suisse alémanique ? L'écrivain poméranien Uwe Johnson, qui s'est imposé avec sa syntaxe et ses expressions de bas allemand, n'avait en tout cas pas notre complexe d'infériorité.

Bon, j'aurais pu me défendre, il ne me serait rien arrivé de grave, des mots bernois dans un texte ne m'auraient valu ni la prison, ni la perte de ma citoyenneté.

Il est des endroits sur la terre où l'usage de la langue maternelle est moins anodin.

Pour les Kurdes par exemple. Quand monsieur S. téléphonait de Berne en Turquie pour parler avec ses enfants, la communication s'interrompait net au son du premier mot kurde. Quand il leur parlait en turc, les enfants pleuraient : ils entendaient la voix de leur papa sans pouvoir le comprendre. Une chanteuse de pop turque qui avait osé mettre une chanson kurde à son répertoire fut expulsée de son pays.

Autre exemple, plus proche, juste au-delà de la frontière du canton du Jura. On me l'a raconté à Pfetterhouse, mais c'est certainement arrivé aussi à Mooslargue et à Courtavon. Pfetterhouse, ce village du bout de l'Alsace où l'allemand et le français se côtoyaient joyeusement, où la frontière des langues était fluctuante jusqu'à l'arrivée des Allemands en 1940, plus totalitaires qu'en 1870 et déterminés à la fixer définitivement. L'école fut germanisée du jour au lendemain. Un seul mot dans la langue des vaincus, une coupe de cheveux à la française, un béret basque sur la tête, tout cela était lourd de conséquences. Aujourd'hui, les gens de Pfetterhouse font la différence, ils disent «le Reich» et jamais l'Allemagne en parlant des atrocités de cette dernière guerre. Ce qui leur est resté, c'est une aversion pour la langue allemande[23]. «Je suis Alsacienne», dit la triste chanson,

«Et je garde au cœur
La profonde haine du bourreau vainqueur.»

Le canton de Berne a-t-il imposé l'allemand dans son territoire jurassien de naguère? C'était la langue parlée jadis à la cour du prince-évêque. Les nobles seigneurs qui allaient à la chasse avec le prince, qui foulaient les champs de blé du haut de leurs montures, tous parlaient l'allemand. Le français, en fait le patois, était exclusivement la langue des sujets, paysans et artisans. C'est en allemand que les jésuites enseignaient les jeunes nobles, mais au peuple ils prêchaient en français. Les édits de la cour princière de Porrentruy ont toujours été rédigés dans les deux langues.

Et à Berne ensuite?

Dans sa cuisine, madame F. me raconte ses démarches dans le chef-lieu en vue d'établir un passeport pour son premier voyage à l'étranger. Ayant reçu la formule de demande en allemand, elle a dû récrire pour la réclamer en français. Et beaucoup d'autres gens ont vécu les mêmes difficultés, ajoute-t-elle.

Autrefois cette anecdote ne m'aurait pas choquée, j'aurais pensé à une distraction de fonctionnaire bien plus qu'à une tracasserie. Mais chez madame F., j'ai pris conscience de la peur inspirée par l'occupation hitlérienne et sa langue, et de la haine peut-être inconsciente que les Jurassiens ont reportée sur ce canton germanophone qui les dominait. Après la guerre, quand ceux d'en face avaient retrouvé leur liberté, on voulait secouer le joug bernois à son tour.

L'allemand, y compris le dialecte bernois, est ainsi devenu la langue de l'ennemi.

Madame F. a baissé le feu sous les pommes de terre et s'est mise à parler des Béliers et des Sangliers qui se battaient, les uns pour un Jura libre, les autres pour la fidélité à Berne. Eh bien, la police les traitait très différemment.
Elle était bernoise de cœur. Il y avait peu d'agents favorables à l'autre camp, et ceux-là devaient craindre pour leur emploi.
Madame F. hésite, pense que ce qu'elle a encore à dire me serait peut-être désagréable : les Béliers étaient romands et les Sangliers « beaucoup plus allemands, ça veut dire plus méchants », surtout à l'égard des femmes.
Jamais un Bélier n'aurait commis ce que les Sangliers ont fait à sa fille. La jeune femme participait à Moutier à une fête pour le futur canton. Dans la rixe qui a éclaté, les Sangliers l'ont traînée sur la chaussée par les cheveux, au point qu'elle a eu les coudes écorchés.
Ça ne s'oublie pas, même vingt ans après, conclut-elle en dressant la table.
Pour elle donc, « beaucoup plus allemand » veut dire beaucoup plus méchant.
Allemand, c'est méchant.

Dans un tel contexte, il suffira de quelques lignes écrites en français. Elles auront un puissant impact sur ce climat d'injustice et de tutelle étrangère, sur le besoin de rejeter ce qui vient d'ailleurs, de rétablir le droit et de valoriser le patrimoine. Un texte dans la langue du pays, pour peu qu'il touche ce sentiment général encore diffus, qu'il soit en vers et facile à apprendre par cœur : un tel texte aura – comme jadis le drapeau – la foule avec lui.

Au cours des années de lutte pour la liberté, le Jura a vu naître des chansons satiriques et des poèmes qui furent repris aussitôt par des milliers de personnes.

De tels couplets peuvent ridiculiser un adversaire par ailleurs tout-puissant et l'atteindre à son talon d'Achille. Et ce qu'il méprise peut être célébré dans le poème.

Il en est ainsi de la langue, de la religion, mais aussi de la terre. Les poèmes de libération s'inspirent souvent du sol, du terroir : et déjà point le danger.

Le sol, le sang, la race[24].

Un poème peut déclencher une guerre.

À ce sujet, voici une note du journal *Der Bund* du 19 août 1992 :

« Dobrica Cosic, le président de la Yougoslavie résiduelle, a contribué dans les années quatre-vingt, au sein de l'Académie des sciences de Belgrade, à élaborer cette idéologie d'une Grande Serbie qui a mis le feu aux poudres. »

A-t-il écrit des poèmes ?

DE PURE SOUCHE

Madame M. sort de sa maison de pierre. J'ai toujours eu de la peine à me représenter une famille de paysans et une écurie derrière ces murs blancs. Dans mon pays bernois, les fermes sont en bois.

Madame M. s'arrête sur le seuil en clignant des yeux, aveuglée par la lumière printanière. J'ai fait sa connaissance il y a quelques jours. Son nom est garant d'une origine jurassienne.

« De pure souche », expression que j'entends çà et là quand on parle d'un patronyme jurassien et qui me reste à chaque fois en travers de la gorge.

Madame M. me fait aimablement signe de la tête, par cette journée de mai pleine de parfums et de chants d'oiseaux qui m'a aussi tirée de ma chambre. Monsieur M. fauche les touffes d'herbes le long de la barrière, là où les vaches ont coutume de s'arrêter pour grignoter l'herbe au bord du chemin et chaparder, entre les piquets, les cœurs de Marie du jardin. Madame se dirige vers le potager, je l'accompagne jusqu'au carré brun serti dans l'éclat doré des pissenlits. Tandis qu'elle sarcle ses salades, je m'accroupis aussi ; je veux lui montrer qu'une citadine s'y connaît aussi en mauvaises herbes. Elle parle des voisins : rien de méchant, juste combien d'enfants ils ont, combien de terres et de bétail ; et de celui qui habite à l'orée du bois, monsieur Fluckiiiger.

Flückiger, un nom bernois, dis-je.

Oh, les noms ne veulent rien dire, répond-elle. Ici on connaît les familles. Les Fluckiiigers, ils sont là depuis cinq générations.

C'est la durée de résidence qui compte, m'a confirmé l'autre jour la gérante de la laiterie. Elle parle un français bien d'ici, sans la moindre touche gutturale. Une seule fois, je l'ai entendue parler le bernois avec un client. Or à peine la sonnette avait-elle retenti que les deux ont passé au français. Quand on se connaissait mieux, elle m'a confié qu'elle était venue ici de sa campagne bernoise alors qu'elle était toute jeune, mais qu'en Ajoie cela durait plus longtemps qu'ailleurs pour être des leurs. Elle-même ne le vivra jamais, peut-être ses enfants, un jour.

Je n'en dis rien à Madame M. Nous continuons de sarcler, elle bien plus vite que moi évidemment. Mes pensées tournent autour de l'importance des noms pour l'intégration dans une région nouvelle.

«Salut Verecte», c'est le bonjour qu'un paysan de ma rue adresse en riant à son voisin. Qui rit aussi, mais un peu jaune. D'origine bernoise, il est le seul à porter ce joyeux sobriquet. Seul à se demander si l'autre comprend l'insulte : pense-t-il vraiment «crevure»?

La paysanne que je suis allée voir hier dans le village derrière la colline vient du canton de Fribourg. Elle m'a raconté qu'on y était jadis pauvre comme Job, les gens devaient s'expatrier, et beaucoup d'entre eux sont venus s'établir ici. Mais malgré leurs patronymes francophones, les Jurassiens les considéraient comme des Bernois. Tout ce qu'il y avait derrière les montagnes était indistinctement bernois. Si elle-même est tout à fait intégrée aujourd'hui, c'est qu'elle s'est engagée publiquement pour le canton du Jura.

De cela non plus, je ne parle pas à Madame M. Elle est l'indigène type, elle ne s'intéresse pas à la vie des gens d'ailleurs. Je m'étire en regrettant un peu de l'avoir accompagnée au potager. Il fait une chaleur estivale, et pourtant les hêtres d'en face déploient à peine leurs jeunes feuilles.

Madame M. ne va pas s'attarder non plus. La boulangère, qui passe peu avant onze heures, klaxonne dans sa camionnette. Je rate régulièrement son passage et achète mon pain en route. Le plus souvent en ville, à la boulangerie principale. Au-dessus de la porte, un nom : Neuenschwander. J'y suis allée l'autre soir, il n'y avait plus qu'un client. Le patron parle un français correct, mais tiré du fond de la gorge et modulé comme un chant, et il y met toute son âme bernoise. Le client s'en va, c'est mon tour; je tente le coup et demande *Het's ächt no früschi Mütschli?* Vous auriez encore des petits pains frais? Le chef roule des yeux effarés, regarde à gauche, à droite, par la porte vitrée, et finit par me répondre dans le plus pur bernois, mais sans enthousiasme.

En sortant, j'avise l'inscription sprayée sur sa façade :
« Le Jura parle français. »

Madame M. reste sur la réserve. Si seulement je n'avais pas dit que Flückiger était un nom bernois, ça lui aura rappelé des souvenirs désagréables. Comme elle a fini de nettoyer sa plate-bande, voilà qu'elle se décide à me parler d'une proposition, vraiment idiote, dit-elle, qui a été lancée ces dernières années. Tous les Ackermann, Häubi, et Zwahlen d'ici n'avaient qu'à partir dans le Jura-Sud, proposaient certains, et les Beuchat, les Comment et les Montavon de là-bas pourraient rentrer au pays.

Elle se redresse et me regarde tout en chassant les bribes de terre de son tablier, ajoutant :

Quelle stupidité, on ne veut quand même pas faire comme en Bosnie.

NE RIEN RAVIVER

Elle arbore le petit soleil doré de Christiane Brunner à sa veste ; elle est syndicaliste. Bien plus qu'un bijou, cette broche est un engagement, je ne mets pas long à m'en apercevoir. Elle lutte pour les droits des travailleuses. Mais pour l'instant nous flânons gaiement dans Porrentruy.

A-t-elle aussi milité en faveur du nouveau canton ?

Bien sûr, à l'usine tout le monde y était favorable. Le clivage n'existait que chez les paysans.

Mais, ajoute-t-elle, les Jurassiens n'ont qu'à s'en prendre eux-mêmes s'il y a des paysans bernois chez nous. Avant la Deuxième Guerre mondiale en effet, les nôtres ont vendu leurs terrains à vil prix, préférant aller en France comme ouvriers, dans les grandes usines de textiles et d'automobiles. Les Bernois ont racheté ces terrains ; et plus ils ont trimé, plus ils ont pris racine. Ils étaient liés au sol, pas à la population. Comme étrangers, précise-t-elle, ils auraient dû s'adapter un peu.

Je repense à ma promenade d'hier dans le village. Les femmes me saluaient de leur jardin et j'ai pu échanger quelques mots avec l'une ou l'autre. Une grand-mère, une de ces paysannes bernoises, m'a invitée à l'accompagner dans sa promenade. Elle sortait ses petits-enfants, l'un dans sa poussette et l'autre qu'elle tenait par la main. Nous nous sommes assises sur un banc à l'orée de la forêt. La vue portait au loin, comme partout en Ajoie.

Da bin i mängisch ghocket, Je suis souvent venue m'asseoir ici, dit-elle.

Oui, c'était son coin. Maintes fois, quand elle vivait des choses difficiles et ne savait plus que faire, elle était venue se ressourcer ici, toute seule, à s'imprégner de l'étendue des champs. Et chaque fois cela lui avait fait du bien.

Elle trouvait du réconfort dans la contemplation de son pays, qui lui avait d'abord été étranger.

Le sol doit-il nous appartenir pour pouvoir nous consoler ?

Dans ce cas, l'ouvrière de fabrique et moi-même serions mal loties, nous resterions inconsolables à vie.

Mais nous, on va bien. Nous décidons d'aller prendre un café. Que nous puissions nous entretenir si joyeusement, une Jurassienne et moi, ce n'est possible que grâce au temps qui s'est écoulé depuis les hostilités.

Surtout ne rien raviver, dit la syndicaliste, mais regarder en avant.

Elle peut dire cela, elle.

Pas moi.

RELÂCHE

La conversation d'aujourd'hui est consignée ; celle de demain, déjà planifiée. Plus rien d'autre à faire pour l'heure entre ces murs tapissés de milliers de corolles sur fond brun. J'ouvre la porte du poêle, rajoute une briquette, vérifie la braise, regarde par la fenêtre. Crépuscule, pluie, la hêtraie d'en face s'assombrit.
La fenêtre éclairée de l'auberge là-bas me fait signe.
Un petit verre de vin comme récompense ?
N'était le chemin du retour dans le noir et le froid…
Manger ?
Une baguette rassise dans son panier, un demi-yaourt au frigo. Pas faim.
Dormir ?
Trop tôt. Lit français bancal, à moitié orphelin.
Lire ?
Surtout pas de livre qui concerne le travail. Pas maintenant. Sinon mes pensées nocturnes n'en font qu'à leur tête.

J'aurais besoin de sons familiers, la voix d'un proche, le miaulement d'un chat, un peu de musique, peu importe l'instrument. Pourquoi pas mon violon que j'ai amené de Berne ?

Des mélodies écrites il y a cent ou deux cents ans s'avèrent efficaces contre les démons de la nuit.

Si cela devient trop ennuyeux pour vous, vous pouvez sauter ce qui suit.

Pourtant, sachez qu'avant la JOURNÉE PORTES OUVERTES – je ne le dis qu'à vous – j'ai déjà jeté beaucoup de choses qui m'ont d'abord semblé indispensables.
Ce que vous trouvez aujourd'hui dans mon atelier, ce sont des

reliques dont je ne saurais me passer. Si vous ne les dédaignez pas non plus, je vous en serai presque reconnaissante.

LES MORILLES

J'ai un chauffeur privé qui m'emmène tous les jours par les routes du pays dans son car postal. Habituellement, sa clientèle se compose d'écoliers, qui ont les vacances en ce moment, si bien que nous sommes souvent seuls dans le bus.

Il conduit lentement, astreint aux horaires, même si personne n'attend, ni au château, ni à la chapelle. Je prends place sur le siège rembourré de devant, et mon regard s'imprègne des douces ondulations du paysage. Comment ne pas profiter de bavarder pendant ces trajets?

D'emblée, je lui avais fait part de mon bonheur d'être ici.

Il m'a regardée comme si je lui faisais un compliment personnel. Depuis lors, il me connaît, visiblement content de montrer l'Ajoie à quelqu'un qui voit et apprécie sa beauté. Car pour lui, cette région est la plus belle du pays. Il la parcourt tous les jours d'un regard attentif, il enregistre tous les changements que le printemps apporte aux champs et aux lisières des forêts. De son siège, il m'indique le mont qui s'élève à côté du village et me le conseille pour mes promenades, c'est une bonne région.

Il me parle aussi de son travail après sa tournée. Dans son potager, il cultive des petits fruits, des salades et des légumes, en quantité suffisante pour lui et sa femme. Ça vaut encore la peine de jardiner ici, les légumes poussent sans problème et ont de la saveur, sans comparaison avec ce qu'on trouve dans les grandes surfaces, dit-il.

Avec un serrement de cœur, je pense à la future autoroute. J'ai vu ces surfaces mises à nu, toutes ces galeries et ces taupinières, et cela m'effraie. La vallée de l'Allaine est charmante, la rivière y court sans entraves entre champs et peupliers, elle musarde dans le terrain comme on ne le voit plus nulle part chez nous. Il n'en subsistera rien, les planificateurs vont endiguer le ruisseau et imprimer à la nature le sceau du XXe siècle. Alors mon chauffeur ne pourra peut-être plus manger ses légumes.

Il écarte mes craintes en riant.

Décidément, tous les Ajoulots sont enchantés par la construction de l'autoroute. Pleins de foi en l'avenir, comme les Allemands quand Hitler avait lancé un projet semblable, et pleins de joie comme la plupart des Suisses dans les années cinquante, quand fut décidée la construction du réseau routier national.

Je me sens tout à coup très vieille.

Mais cela ne ternit en rien son enthousiasme pour les produits de son jardin et de ses promenades en forêt. Le mont, dit-il, regorge de champignons comme nul autre endroit.

En ce moment, c'est le temps des morilles. À ce seul mot, il se pourlèche les babines comme s'il s'apprêtait à avaler une vraie bouchée de croûte aux champignons.

Je lui demande si les bons coins ne sont pas écumés par les citadins et si les gens du pays ne se retrouvent pas bredouilles, mais il se remet à rire.

Pour les morilles, il faut avoir l'œil. La plupart des gens traînent les pieds dans les feuilles mortes sans les dénicher.

Je lui pose sans cesse des questions ; lui, jamais. Toujours prêt à me répondre, disponible, il me conduit jusqu'à la douane suisse où je voulais voir la barrière ; il descend même de son véhicule pour me montrer la douane française et m'expliquer le tracé de la frontière.

Au retour, il me laisse à la croisée des chemins sans que je le lui aie demandé.

Quand j'attends la poste à cette halte et que c'est lui qui est au volant, nous nous saluons comme de vieilles connaissances.

Je prends des nouvelles de sa famille, je sais ce que font ses enfants et dans quel bureau travaille sa femme.

Elle gagne plus que lui, mais il ajoute que ça ne lui fait rien, en rougissant de la nuque.

Une autre fois, il me dit la belle vie qu'il a avec sa femme depuis que les enfants sont partis de la maison et volent de leurs propres ailes. La veille, il a trouvé des morilles et les a apprêtées le soir juste pour eux deux.

Je m'imagine sa femme au retour du travail; accueillie à la porte déjà par l'odeur des croûtes aux champignons, elle s'attable avec reconnaissance, car malgré son meilleur salaire elle ne pourrait jamais lui offrir cela.

Et je lui avoue ne pas même savoir à quoi ressemblent les morilles.

Un jour, je vais me promener sur cette colline, en prenant soin de quitter le chemin dès qu'une ferme est en vue. Les pires moments de mes balades solitaires en effet, c'est l'approche des fermes. J'en ai les genoux tremblants et la peur au ventre, car une ferme sans chien dans le Jura, ça n'existe pas.

Dans la forêt en revanche, il n'y a aucun danger. Pourtant j'hésite en apercevant là-bas un homme arrêté tout seul près des jeunes foyards. Il porte un anorak et tient quelque chose dans la main droite, de l'autre il fait signe. Je regarde alentour: personne en vue, c'est à moi qu'il s'adresse.

Enfin je le reconnais. Je suis un peu myope. Et sans uniforme, il a une autre allure. Mon chauffeur me tend la main ouverte où il exhibe une sorte de grumeau brun ratatiné. Je ne saisis pas.

Voilà à quoi ressemble une morille, dit-il fièrement.

SAINT FROMOND

Monsieur V. de Bonfol m'a parlé d'une chapelle à l'orée de la forêt. Il s'y promène tous les jours avec son chien. C'est paraît-il un coin particulièrement protégé : aussi loin qu'on se souvienne, il a échappé à la grêle et aux autres intempéries.

Une chapelle à deux pas de la frontière, cela met ma curiosité en éveil. Je la cherche dans le bois encore nu que borde une rangée d'épine noire en fleurs. Elle est facile à trouver parmi les fûts de la hêtraie. Une très petite chapelle fermée par une grille. À l'intérieur, un autel fleuri flanqué de deux jeunes saints. Aux murs, des peintures représentant un vieillard auréolé à la barbe vénérable, bénissant ovins et bovins, prenant soin d'une enfant. Au faîte, une inscription :

« Saint Fromond protège notre Jura »

Quel est donc ce Fromond censé protéger le Jura ?
Contre qui ? Les Bernois ? Les Français ? Ou encore contre les Allemands durant les trois dernières guerres ?

Les fleurs sont fraîches. Quelqu'un s'est arrêté ici il y a peu, s'est peut-être agenouillé pour prier.

Je reste en arrêt devant la chapelle comme une touriste devant un temple hindou. Intéressée, pleine de bonne volonté, à contempler une foi et une pensée étrangères, sans préjugés si possible.

Le nom de ce saint m'est inconnu, il me fait penser au blé, au « froment », ce qui m'aidera à m'en souvenir.

Un peu plus loin, un auvent équipé de tables et de bancs témoigne de festivités en son honneur.

Au Musée jurassien de Delémont, je découvre des peintures naïves et une histoire de ce saint.

Il a sauvé l'âme d'un pauvre berger qui gardait les cochons, en offrant sa propre âme au diable. Fromond ne semble pas être un martyr : un gars de la terre qui connaît très bien tout ce qui pousse, et qui échappe au pacte du diable par sa ruse paysanne. Non pas un Docteur Faust bourré de questions métaphysiques, mais un brave type plein de bon sens.

Il a les pieds sur terre, il ne plane pas dans d'autres temps ou d'autres mondes, mais reste fidèle à son coin, entre Bonfol et Pfetterhouse, et n'a que faire de choses aussi modernes que les frontières nationales.

De retour à Berne, je me renseigne auprès d'un catholique. Lui non plus n'a jamais entendu parler de saint Fromond.

Qui donc le connaîtrait?

Madame G. de Bonfol peut-être.

Je lui écris, pour savoir à quoi rime la cabane près de la chapelle dans la forêt, si l'on y fête une Saint-Fromond et, le cas échéant, si elle peut m'informer de la date.

Madame G. n'écrit pas, elle m'appelle, car la fête annuelle avec sa procession a lieu après-demain, lendemain de l'Ascension.

Je me décide à partir demain déjà et à passer la nuit à Vendlincourt.

Oh, Vendlincourt! dit Eva, quand j'entends ce nom, je revois tous ces vastes champs.

Elle m'avait rendu visite en Ajoie au printemps.

Viens donc avec moi, dis-je à ma fille, et tu reprends le premier train pour arriver à l'heure à ton cours.

Une chaleur estivale accompagne notre départ; mais à Vendlincourt, nous nous dépêchons d'enfiler nos pulls, l'air est glacé. J'ai envie de retourner aux étangs de la forêt. Des amas de feuilles de hêtres toutes fraîches jonchent le chemin, les branchages dégoulinent, l'herbe détrempée nous fouette les mollets. Des promeneurs transis ont fait un feu au bord du premier étang. Un voile de fumée mauve traîne sur la nappe d'eau brune.

Le lendemain matin, nous trouvons un seul voyageur dans le petit train. Lui aussi se rend à Bonfol pour la Saint-Fromond, dit-il, il prend part à la procession chaque année. Jadis il y venait des milliers de personnes, de France et de tout le Jura. La dernière fois, ils étaient encore cent vingt-huit.

À l'église, nous contemplons les ex-voto exécutés à la manière des peintres naïfs. Sur chacun d'eux, un saint Fromond souriant du haut des airs, sacoche de berger à l'épaule, qui guérit de son geste de bénédiction des bébés emmaillotés posés par terre, des vaches, des génisses, et des malades dans leur lit.

Autour de l'autel, une femme allume des cierges. Les bancs d'église se remplissent tous. Où donc mettait-on les milliers de fans de Fromond qui affluaient autrefois ?

Au premier plan, vêtements blancs à la file indienne, entre en scène l'impressionnant comité d'accueil du saint. Le prêtre le plus jeune – peut-être un invité – s'avance vers le lutrin. Son homélie commence par une interrogation, « Qui était ce saint Fromond ? » Oui, qui était-il ; quand, où et comment a-t-il vécu ?

Le prêtre évoque ses recherches au sujet du saint sans papiers[25]. Résultat, néant.

Je lui sais gré de ses investigations, elles m'éviteront les miennes. Ce Fromond reste décidément insaisissable.

Jusqu'ici, le service religieux nous a paru plutôt familier. Or voici la Sainte Cène. Soucieuse de ne pas me faire remarquer, de ne pas gêner, je reste assise tout en chuchotant à l'oreille d'Eva une remarque sur la notion catholique de « transsubstantiation » dans l'eucharistie : le pain et le vin sont transformés directement en corps et sang du Christ. Une de mes jeunes connaissances a quitté l'Église catholique parce qu'elle ne pouvait pas croire cela et que les prêtres l'exigeaient.

Hé, mais ils n'y croient pas eux-mêmes, me dit ma protestante de fille avec de gros yeux pleins de réprobation.

Dehors attendent les photographes, au chômage technique jusqu'à ce que sortent du sanctuaire ces messieurs les prêtres en tenue de ville. Un seul a gardé son habit de cérémonie : un surplis en dentelle finement ajourée lui couvre le dos. Des enfants de chœur le précèdent en portant l'eau bénite et la bannière. Ce qui devait être une sortie du joli mois de mai tourne en marche funèbre. Le ciel pèse bas sur les champs, l'herbe est couchée, le blé semble fauché. Les pétales de pruniers déchirés collent sur l'asphalte et nous nous pelotonnons dans nos manteaux. Eva doit me quitter à l'orée de la forêt. J'ai mauvaise conscience de l'avoir incitée à m'accompagner alors que mon travail demande la solitude, sans quoi le contact avec les gens n'aboutit pas. Ce n'est pourtant pas sans hésitation que je me mêle à la foule endimanchée qui suit la bannière de saint Fromond : j'ai impression qu'on voit bien d'où je viens, de Berne justement, cette Berne qui a interdit toute procession aux Jurassiens pendant plus de quarante ans. Même si le directeur bernois des Cultes n'est pas parvenu à convertir les Welsches au protestantisme, il a tout de même réussi au terme du *Kulturkampf*[26] en 1875, à maintenir l'interdiction de cet outrage public qu'était le cortège derrière des bannières de saints.

Devant la chapelle, la procession se groupe en demi-cercle. Ici, c'est le curé du village qui parle de saint Fromond. Par la terrible grêle d'hier, dit-il, le ciel a démontré une fois de plus la nécessité de bénir les champs. La tempête a dû s'abattre sur les lieux peu avant notre arrivée.

La fanfare de Pfetterhouse s'éclate, le vin blanc coule aux tables de la cabane forestière. Finie la partie sérieuse, c'est l'heure de retourner au village où, malgré le mauvais temps, attendent les stands et les jeux, les tentes et les guinguettes, les saucisses et les gâteaux, les carrousels et les autos tamponneuses, tous plaisirs de mai qui parlent plus à la jeunesse que le vieux dans sa chapelle au fond de la forêt. Saint Fromond n'en prendra pas ombrage, brave prête-nom qui patronne la fête de son sourire bienveillant – «allez, les enfants». Il s'arrangera discrètement pour que se relève le blé et que les fleurs épargnées se mettent à la tâche: produire leur lot de fruits indispensables à la damassine, cette exquise fine de prunes de Damas qui fait la réputation de l'Ajoie.

LES ROUGES ET LES NOIRS

Instituteur à la retraite, peintre du dimanche et musicien, il a dirigé la fanfare de son village pendant des décennies. Jusqu'à il y a peu de temps, m'apprend-il, on trouvait dans chaque village d'Ajoie une chorale noire et une fanfare rouge, ou alors un chœur rouge et une musique de cuivres noire. Certains villages avaient même deux corps de musique, un rouge et un noir, qui vivaient en ennemis comme tout ce qui était rouge ou noir par ici.

Me voilà déconcertée.

Et l'instituteur de me confier, tout fier, que les deux fanfares de son village ont fusionné la semaine passée.

Comme je ne comprends manifestement pas la portée de l'événement, il me met sur la voie.

Les rouges, c'étaient les libéraux-radicaux, fidèles à Berne; les noirs, ceux du parti démocrate-chrétien, favorables à un Jura libre.

Je comprends.

Le rouge n'est donc pas toujours rouge. La couleur change de valeur, change de parti selon le canton. Le foulard rouge ralliait les partisans communistes; et pour d'autres, le rouge est un symbole réactionnaire bourgeois. Il faut se méfier des couleurs.

LE TEMPS DES CERISES

Je suis en quête d'ombre devant la gare de Porrentruy; cette belle cité m'offre enfin de la chaleur. Pas de taxis sur l'aire prévue. Je viens d'en appeler un. Le propriétaire a demandé si c'était urgent. Pas vraiment: la fête va durer toute la journée. C'est madame R. qui m'a invitée. Les paysannes d'Ajoie exposent leur travail dans une ferme des alentours. Le taxi arrive, au volant son propriétaire. Du bout de la langue, il cure les restes de son dîner d'entre les dents tout en me demandant ma destination. Je lui parle de l'exposition et en indique l'adresse.

Non, dit-il, c'est à la sortie, sur la route de Vendlincourt. Il connaît le paysan, car il est du même village; il me montre la maison où il est né, il sait où la bombe est tombée pendant la guerre, et l'âge de l'église. Arrivée au sommet de la côte, je suis à destination; le soleil brûle et la masse des tôles parquées à côté de la ferme réfléchit cette chaleur.

La grange est déjà pleine de monde. Jeunes et vieux sont installés à de longues tables, ça mange, ça boit et ça cause, et on ne saurait distinguer qui vient de la ville et qui de la campagne.

Les paysannes ont fait un travail formidable sur le thème des céréales. Le menu de fête agréablement présenté se compose entièrement de produits céréaliers locaux, du potage au dessert.

Il y a bien sûr du jambon, mais «cuit dans un potage à l'orge», puis «le gratin de céréales, les épis de maïs, le pouding à la semoule, le gâteau de seigle, les croquettes d'avoine».

Dehors on retrouve le même thème. Des chevaux sont attelés à des chars sans bancs – des chars à pont comme on les appelait, *Brügiwagen* – prêts à partir pour une balade didactique à travers les champs. Je m'y installe parmi les mères et les enfants, les jambes ballantes et les narines saisies par la sueur des chevaux, et me sens replongée aussitôt dans mes jeunes années. Nous parcourons les chemins de campagne comme dans un bateau, sur une mer verte et dorée.

Pas de visite guidée. Le jeune cocher qui est censé nous donner des explications plaisante plus souvent qu'à son tour avec les mères et les grands-mères. Je n'ai pas la langue assez déliée pour lui donner la réplique, j'en reste à mes questions et reçois des réponses. Mon thème à moi, ce ne sont pas les céréales, ce seigle, ce froment, cette orge : qui pourrait déjà se souvenir de tous ces noms ? Ce qui m'intéresse, c'est la ferme ; elle n'a vraiment pas l'air d'une entreprise agricole, mais plutôt d'une villa à la campagne avec une énorme grange à l'arrière-plan.

Tout est neuf, dit à côté de moi une jeune femme aux cheveux coupés courts et rigolos. L'ancienne ferme a brûlé au début des années septante.

Elle est la sœur du paysan, elle me dit son nom, d'une famille ajoulote de vieille souche.

La foudre ?

Un incendie criminel, dit-elle, et ses yeux perdent leur sérénité.

Est-ce qu'on a su qui…

Non, jamais.

Elle se tait, elle sait d'où je viens. Madame R. m'a présentée. Ma voisine sur le char à pont se tait par politesse.

Je me souviens d'une conversation avec un instituteur. C'était au printemps. Nous étions installés au bistro, l'un en face de l'autre. Il parlait des années soixante et septante, une période affreuse, quand Berne avait levé le poing – tel un père outré devant son fils indigne – et que le Jura avait frappé en retour. Tandis qu'il parlait, j'ai pensé à l'Europe entière et à cette logique de la violence, toujours la même : de bons voisins en viennent aux mains, fanatisés par les cliques ennemies qui les tiennent. Des voisins qui n'ont en fait rien à se reprocher. Et du coup les voilà juifs, musulmans, terroristes…

Ici aussi, des torches incendiaires ont été lancées sur certaines maisons par des voisins. Mais seuls les Jurassiens ont été soupçonnés, surveillés, poursuivis. L'instituteur en a fait personnellement l'expérience, il m'a confié sans émotion ni rancune avoir été l'objet d'une surveillance constante ; chacune de ses sorties à pied ou en voiture a été enregistrée par la police, consignée et mise en fiches. Il venait de les recevoir.

J'ai eu honte.

J'avais honte comme Bernoise. Jusqu'alors, mon origine m'avait valu un bon accueil dans le reste de la Suisse. Le parler bernois plaisait, il était gage de cordialité et de bonne humeur. Ici, non. « C'est la faute à l'État ; je n'ai rien contre les Bernois », conclut l'instituteur.

Ce disant, il me regardait avec amitié. Moi, j'ai couru aux toilettes pour fondre en larmes, et ne suis revenue qu'après m'être essuyé les yeux.

Sur le char, ça continue de plaisanter autour de moi, la sœur du paysan s'y est remise elle aussi. Qui n'aurait pas envie de rire devant cet ondoiement de graminées, sous les cerises qui du haut de leur allée nous taquinent de leur rouge, les rieuses, « ô les cerises ».

Vous voulez des cerises ? nous demande le gars sur son siège en lâchant les brides et en menant les chevaux jusque sous l'arbre. Nous sautons du pont, grappillons dans les branches avec volupté, nous régalons et crachons les noyaux. Un dessert plus exquis encore que celui de tout à l'heure dans la grange.

Cet arbre t'appartient ? demande l'une des femmes.

Non, non, la rassure le jeune homme, il est à mon voisin.

Et nous rions de plus belle, ivres de soleil, de cerises, et de ces années plus sereines où quelques fruits maraudés sur l'arbre du voisin ne provoquent pas la guerre. Pas ici, plus ici.

S'il vous plaît, jetez encore un coup d'œil au milieu de mon atelier. Oui, là, regardez cette tête.
N'est-ce pas un chef-d'œuvre ?
Le bonnet aux rosaces, la chevelure, les boucles qui bordent les joues, la bride sous le menton… La sérénité du visage de la jeune femme, son léger sourire…
Tout cela amoureusement ciselé dans la pierre.

N'ayez crainte, vous pouvez le constater à votre tour :
la Justice ne lorgne pas.

Elle a les deux yeux bandés.

UN TEST

Me revoici dans le train de Porrentruy, mue par une détermination farouche, tendue comme une chasseresse. Il s'agit du loup, du méchant loup qui se déguise en mouton. Je vais lui arracher son masque.

Et je sais comment ; j'y ai minutieusement réfléchi. J'ai téléphoné à la Bibliothèque cantonale pour me renseigner sur les heures d'ouverture et fait réserver certains livres ; j'y serai tantôt.

Beau Porrentruy, pourquoi me reçois-tu de nouveau si froidement ? Certes les roses trémières sont en fleurs dans les jardins, et pour un peu, l'Allaine inviterait à une traîtresse baignade ; mais je boutonne encore ma veste.

Vite rendue sur place, je pousse la lourde porte de chêne : mon regard va d'abord à la voûte, puis à l'escalier au galbe généreux, et je me sens toute petite. Le prestige du prince-évêque est encore perceptible en ces lieux. Il avait de l'argent, et son architecte, du style. Aujourd'hui, tous deux se retourneraient probablement dans leur tombe s'ils voyaient certains nouveaux quartiers de leur capitale.

L'escalier s'élance avec grâce. Portes et chambranles sont richement décorés, mais dépourvus de toute inscription ou information. Aucune voix, aucun pas. Où sont les livres ?

En haut, les marches en bois succèdent aux marches de pierre, très bien soignées elles aussi. Quelqu'un, pour sûr, les récure et les astique sans cesse. Je monte sur la pointe des pieds et arrive – comme dans les contes de fée – à une dernière porte. Un murmure qui s'en échappe m'incite à frapper et à entrer.

M'accueillent les regards muets des étudiants et le bonjour discret du surveillant. Il m'explique en chuchotant aimablement que je suis dans les archives du prince-évêque et m'indique le chemin de la bibliothèque.

Vous connaissez Porrentruy ?

Pour plus de sûreté, il me confie à l'un des jeunes gens qui vient de passer sa maturité. En route, je le laisse parler, je ne voudrais pas qu'il me demande d'où je viens et ce que je recherche à la Bibliothèque cantonale jurassienne.

Mon plan de chasse, je ne le dévoilerai à personne, pas même au gentil bibliothécaire qui m'attribue une place et m'apporte les bouquins commandés.

Des manuels scolaires, du début du siècle jusqu'aux années septante. C'est dans leurs pages que je veux retrouver les traces du loup ou, plus exactement, de l'ours.

Une puissance occupante s'impose d'abord par la langue. On rebaptise les rues et les localités dans l'idiome du nouveau régime, on récrit les manuels scolaires ; et ce n'est que bien plus tard, lorsque le pouvoir est bien établi, qu'on peut se permettre d'apposer des panneaux de rue bilingues dans les régions périphériques, en guise d'attraction pour les touristes potentiels. Maintenant que l'Europe de l'Est est à nouveau accessible, on y trouve de tels exemples.

Qu'a fait l'Ours de Berne des livres de lecture jurassiens quand il régnait ici ? Comment y a-t-il imprimé sa patte ?

Je suis prête, équipée pour écrire, et armée de cet acharnement qui me prend à la maison quand je nettoie mon four. Le premier livre de lecture tombe pratiquement en lambeaux. Je le feuillette, en regarde les illustrations : le clocher de Moutier, celui de Courtelary, le lac de Bienne, les Franches-Montagnes.

Je lis toutes les leçons et tombe une seule fois sur le nom de Berne.

Le Jura est une montagne
La Suze est une rivière
Berne est une ville
La commode est un meuble

Berne est une ville. C'est exact, il n'y a rien à redire, pas plus que pour la commode qui est indubitablement un meuble.

Certains petits textes sont empruntés à des livres de lecture d'autres cantons francophones, poèmes du Valais, de Fribourg et de Neuchâtel, ou directement de France.

Plus on avance dans la scolarité, plus les poètes français y ont leur place. Il y a les fables de La Fontaine, mais aussi des textes de George Sand, de Chateaubriand, de Montesquieu, Pascal et J.-J. Rousseau, de Vinet, Marnier, et même de Flaubert.

Et le Jura est célébré par des poètes du cru :

« …Malgré tout ce qui change et ce qui passera,
Tu seras, ô pays, toujours mon vieux Jura… »

Virgile Rossel

Après des heures, je repousse la première pile de livres.
La traque a été vaine.
Suis-je déçue ?
Je devrais l'être, mais je suis contente, presque fière.
Ces braves livres réjouissent la bonne Bernoise cachée quelque part en moi. Mon gouvernement avait donc prévu, pour les enfants de cette région, des textes respectueux de leur milieu et de leur culture.

Sans transition, je saisis la seconde pile, celle des livres d'histoire de l'ancien Jura bernois pour les écoles primaires et secondaires.

Ils ne sont ni bons ni mauvais. Dans l'annexe, certaines pages abordent même le passé jurassien. On y parle des baillis qui ont régné ici après le Congrès de Vienne et qui, tous issus du patriciat bernois à l'exception de deux d'entre eux, s'entouraient d'informateurs et n'entraient jamais directement en contact avec la population.
Voilà, non censuré, ce que je cherchais à savoir.
Que m'étais-je donc imaginé ?

Les empreintes fraîches des vieilles pattes de l'ours ne se débusquent pas aussi facilement.
Pas sur les rayons d'une prestigieuse bibliothèque.

PASSE-FRONTIÈRE

Installé à sa table, monsieur A. me montre de vieilles photos de sa parenté de France voisine. Il fait un mouvement de la tête vers la frontière, qui traverse le champ derrière sa maison. Après la guerre, il a souvent rendu visite à sa sœur et son beau-frère, qui ne possédaient plus rien. À la débâcle, les Allemands leur avaient volé les vaches à l'étable et la machine à coudre à la cuisine.

Pris de pitié, il leur a apporté de l'argent. Et racheté ce qui avait échappé aux Allemands, en quoi il a sûrement trouvé aussi son intérêt.

Quoi qu'il en soit, c'était risqué alors de traverser la frontière avec de l'argent. Seuls les francs français étaient autorisés, une somme ridicule. L'argent suisse, ils le cachaient, lui dans ses chaussures, sa femme dans son soutien-gorge, et à chaque fois le garde-frontière d'en face criait *Halt, du Stier!* Halte, sale taureau!

Je ne comprends pas pourquoi le Français criait sa mise en garde en allemand, mais je n'ai pas envie d'interrompre mon hôte. Dans ses récits pleins de digressions, le taureau revient pourtant à tous moments. L'injure devait être bien pire que si le garde avait crié « Halte, sale cochon! »

Aujourd'hui, Monsieur A. ne craint plus la frontière, dit-il. Sa femme et lui vont faire leurs courses en France, au supermarché si avantageux de Belfort. Et les douaniers se contentent de leur faire un signe amical.

Leur femme de ménage vient aussi de là-bas, précise mon informateur.

Quand il me raccompagne à la porte et voit le trafic sur la route, il secoue la tête.

Regardez tous ces gens qui rentrent chez eux. Tous des travailleurs français, des frontaliers, qui prennent les emplois aux nôtres.

Les Français coûtent évidemment moins cher, ajoute-t-il à voix basse.

Comme la femme de ménage, me dis-je.

Sur le chemin du retour, réfléchissant au paradoxe d'une invective allemande dans la bouche d'un fonctionnaire français, je vois soudain ce qu'entendait monsieur A. Son farouche *Halt, du Stier* était la dernière sommation avant le coup de feu, Halte, ou je tire !

J'avais oublié la frontière des langues.

LE LARGIN

Parcourir les paysages jurassiens, les capter comme les courbes et l'odeur d'un corps aimé, s'en imprégner, les porter en soi et pouvoir les restituer les yeux fermés, en tout temps.

Saint-Ursanne, l'immersion, l'oubli du monde sous la couette du brouillard d'hiver ; Courtedoux, magie du couchant poudré d'or, deuil et désir de la lumière d'Occident face à l'ombrageux « mont Terrible[27] » qui ferme le monde ; Develier, danse de flocons caressés du soleil, jeu de tulle clair-obscur évoquant Chopin, la légèreté de l'art ; les Pommerats et la randonnée au vent des Franches-Montagnes sur le long dos d'âne qui mène aux Enfers, rien que le ciel, la lumière, ces crêtes qui se suivent comme des vagues fluant du bleu au bleuâtre et, tout au fond, les cimes alpines, détachées de la terre, apesanteur, liberté.

Que de beauté à perte de vue ! Je m'en suis détournée pourtant, attirée ailleurs, entraînée par des filaments mystérieux vers le Largin.

Et cela bien avant de connaître les strates de son histoire : dès l'instant où, aux confins de Vendlincourt et de Bonfol, j'ai vu surgir le noir des étangs dans la forêt de feuillus enneigée. C'est à cause d'eux que je me suis installée ici par la suite.

Ce paysage qui coule vers la France, tranquille, enclavé et pourtant grand ouvert, sans bornes. Et les gens qui sont bilingues en France voisine, les vieux surtout ; sans peine, ils passent d'un français un peu lourdaud à leur alsacien proche des dialectes bâlois, alors que de notre côté, en Ajoie, on est plus français.

Beaucoup de choses se sont passées ici, aussi bien dans la Guerre des tranchées de 1914 à 1918 que durant la Seconde Guerre mondiale. Innombrables, les histoires que j'ai entendues sur des réfugiés, sauvetages ou refoulements, et qui m'ont fait réfléchir aux problèmes des frontaliers en temps de guerre, surtout à la limite des langues.

Mais c'est bien autre chose qui me fascine au Largin : le langage des étangs.

Je ne m'intéresse ni à la pêche, ni à la voile ou à la baignade, ni à rien de ce qui peut se faire sur leur bord ou leur plan d'eau, mais à leur nature profonde. Ils transmettent quelque chose qui me touche comme un poème que je ne comprends pas encore.

Cela s'est passé ici, très exactement.

Pardonnez-moi, si je vous ai gardé trop longtemps dans cette salle consacrée aux travaux d'approche. Ça va changer, car tantôt vous allez découvrir le produit fini.

Puis-je vous offrir quelque chose à boire ?

Pour un projet, il faut du zèle et de l'endurance.
Le déclic, lui, ne connaît pas la discipline
Il se fait à l'improviste, quand bon lui semble.

C'est ici que c'est arrivé, dans la forêt qui pressentait le printemps, au bord des étangs encore noirs en ces jours-là.
Tout ce que j'avais à faire était de me tenir tranquille. Regarder ; et ne rien vouloir, surtout, ne rien vouloir saisir d'une main maladroite.

Sur le sentier de la rive où je me promenais en solitaire, j'ai vu tout à coup deux femmes devant moi.

D'emblée, j'ai su que ce n'étaient pas des personnes réelles, mais des personnages tirés d'un roman. Plus tard j'ai oublié cela, car elles se sont mises à vivre en moi.

Elles étaient en manteau de pluie, l'un beige, l'autre vert clair, qui les distinguaient à peine de la pâle ceinture de joncs en bordure de l'étang. La plus grande, celle au manteau vert, avançait d'un pas ferme dans ses chaussures de marche sur le sentier détrempé. La plus petite, sur ses hauts talons, évitait chaque flaque tout en s'efforçant de suivre la plus grande. Elles se parlaient avec animation. Le timbre de leurs voix et les accents de leur français limpide se mêlaient aux appels joyeux des foulques qui crevaient le long silence de l'hiver. Un agréable soleil chauffait l'espace entre les joncs et le bocage, il s'était peut-être trompé de mois, on n'était qu'en avril. Les promeneuses ôtèrent leur manteau. La plus grande écarta une mèche argentée de son visage, et l'autre rajusta son petit chapeau sur sa touffe de cheveux teints en rouge. Là où une mince langue de terre sépare le premier étang du second, toutes deux s'assirent sur un banc de bois grossièrement équarri. Derrière elles, le coteau transparaissait à travers la forêt de hêtres encore nus ; et en face, eussent-elles levé la tête, elles auraient vu au bout des étangs une colline française aux teintes mauves sur un fond de roche blanche. Mais elles ne regardaient pas au loin, penchées sur une photo que la plus grande avait sortie de son sac. Le portrait d'un homme, jeune.

Hans, s'écria la plus petite en éclatant d'un rire sonore, mon Dieu, ce qu'il est jeune !

La plus grande fit chorus, et leur rire roula en salves sur le noir de l'étang, tantôt pouffant jusqu'à suffoquer, tantôt sonore comme une gamme de couleurs.

Je m'étais arrêtée sur le sentier de la rive, sans bouger, pour ne pas effrayer les deux femmes. J'y suis restée longtemps après qu'elles avaient disparu.

La vision – ou l'apparition, comme vous préférez – avait surgi brusquement, et je ne savais pas où ni quand surviendrait la prochaine.
Peu de temps après, je suis rentrée à Berne.
C'est quelques semaines plus tard, alors que j'étais déjà bien engagée dans l'écriture, que cela s'est produit. Je flânais de nuit dans une rue, et soudain j'ai su : c'est ici qu'il habite.
Avec lui, ce ne fut pas facile. Les femmes, au bord de l'étang, étaient apparues si spontanément, sans prendre garde à moi. L'homme au contraire, installé dans sa maison mitoyenne, comment pourrais-je l'observer ?

De la rue, par-dessus le jardinet de l'entrée, je verrais bien par la fenêtre de cuisine, et comme on serait le soir et qu'il aurait allumé, je pourrais, sans me faire remarquer, le voir sortir trois boîtes en plastique du compartiment congélateur de son frigo, en ôter les couvercles et en examiner le contenu. Si j'étais assez hardie pour monter les trois marches du jardinet et m'avancer jusqu'à la fenêtre, je saurais à mon tour ce qu'il y a dedans.

Du riz basmati aux brocolis avec une côtelette, dans la première ; dans la deuxième, de l'orge et des carottes avec une cuisse de poulet ; dans la troisième enfin, des knoepflis et des choux de Bruxelles avec un peu de ragoût, tout cela précuit et prêt à être réchauffé.

Je le verrais remettre les boîtes au frigo, ramasser par terre une serviette en cuir, en sortir une boîte de conserve et, de la poche de son pantalon, un couteau militaire suisse – le modèle de luxe pour officiers – ; je le verrais ouvrir la boîte et en verser le contenu dans une poêle. Il disparaîtrait ensuite un instant, et je pourrais mieux observer la cuisine ; je remarquerais sur le plan de travail les tasses à café sales, les miettes de pain, les couennes de fromage ; sur la table, des bouteilles vides et un bouquet de tulipes rouges ; au mur, un rayonnage avec un assortiment d'épices dans des verres joliment décorés ; et au crochet, un linge de cuisine propre, repassé de frais. Déjà il reviendrait avec une fiasque de chianti qu'il déboucherait avec son couteau militaire pour s'en verser un verre et, à l'aide d'une spatule, il pousserait une portion de rœstis dans son assiette.

Il retournerait vers le frigo pour en sortir la cloche à fromage. Puis disparaîtrait encore en trombe. Je sursauterais devant la fenêtre fermée de la cuisine, car soudain, dans ce quartier tranquille, les murs de la maison trembleraient au déferlement d'un opéra de Verdi, je dirais que c'est l'ouverture de Nabucco.

Il serait installé à la table de la cuisine, se couperait du fromage avec le couteau militaire, mettrait ses lunettes et feuilletterait le journal tout en mangeant. Par moments, il se passerait une main dans ses cheveux clairsemés et se gratterait le crâne sur sa petite calvitie. Je m'éclipserais sans bruit, non sans un coup d'œil à la boîte aux lettres à côté du portillon du jardin.

Hans Bähler-Wälti, ingénieur civil, y lirais-je.

Longtemps encore, j'entendrais tonitruer Nabucco dans cette rue ordinairement très silencieuse de notre capitale, jusqu'au panneau bleu qui indique en lettres blanches *Graffenriedweg/Altes Bernergeschlecht*, Chemin de Graffenried/ Vieille lignée bernoise.

C'est ainsi que mes trois personnages ont pris corps. Je ne dirais pas que ce soient des inventions.

Vous risqueriez de penser à des marionnettes, à des créatures issues de mon imagination. Or derrière mes figures romanesques, il n'y a rien d'autre que du vécu.

Ces trois personnages m'ont relayée.

J'ai pu disparaître.

Leur histoire, vous la trouverez dans la salle du fond.

Pour cette JOURNÉE PORTES OUVERTES *en effet, j'ai d'abord pensé vous présenter ici-même, dans l'atelier, le produit fini tout comme le projet. Je voulais vous laisser juger par vous-même, pour chaque élément en particulier, s'il relève du premier ou du second, de la vision ou de la prévision.*
Vous y seriez parvenu, je sais, mais cela vous aurait pris beaucoup de temps. Et j'imagine que vous n'en avez guère. C'est pourquoi, hier, j'ai vite remisé l'histoire des trois personnages dans l'arrière-salle.

Allez-y, ne vous gênez pas ; mais ne touchez à rien là non plus, pas de désordre, s'il vous plaît.

SECONDE PARTIE

Attention s'il vous plaît, un rêve flotte dans le couloir qui mène à la salle du fond, ne l'abîmez pas.

Avant de pouvoir commencer mon récit, j'ai rêvé du serpent.
Il m'appartenait à moi toute seule. Il était long, et le dessous de sa mâchoire était serti d'écailles d'argent. Il ne m'inspirait ni peur ni dégoût. C'était ce que j'avais de plus précieux.
Or subitement il avait disparu.
Effrayée, je me suis mise à sa recherche ; et quand je l'ai retrouvé, un bonheur sans nom m'a envahie. J'ai pris le serpent contre moi et l'ai serré dans mes bras.
Plus tard, je me suis trouvée devant une paroi rocheuse très abrupte. Une échelle y était appuyée. Je l'ai gravie, échelon par échelon, mon serpent toujours dans les bras, tout en prenant garde à ne pas regarder dans le vide derrière moi. En haut, l'échelle m'a trahie : elle était trop courte. Au dernier échelon, j'avais un replat devant moi, à hauteur des yeux, mais je ne pouvais y accéder. Au cours de l'escalade, le serpent était devenu de plus en plus lourd, je ne pouvais presque plus le porter. Alors je lui ai parlé. Maintenant que je l'avais porté jusque-là à bras-le-corps, il pouvait bien franchir ce dernier obstacle tout seul.
Il a fait le mort. Le hisser jusqu'en haut me paraissait impossible. Dans mon désespoir, j'ai regardé en bas et évalué la chute qui me délivrerait à jamais de toute responsabilité. Alors un vieil homme s'est approché de nous, un inconnu. Il m'a aidée à atteindre le sommet avec le serpent. Quand j'ai voulu le remercier, il avait disparu.

L'histoire que je voulais raconter m'a glissé des mains après la première partie, comme un serpent, et j'ai mis longtemps à la retrouver.

Elle vous attend à présent dans la petite salle du fond. C'est – comme vous le savez déjà – l'histoire de Hans et des deux femmes.

Entrez donc, et fermez la porte s'il vous plaît. Je resterai dehors et ne vous dérangerai plus.

LUNDI

Hans Bähler a bu la moitié de la bouteille, mangé les rœstis, éteint Nabucco, avalé le journal, rubrique étrangère, suisse et sportive tout à la fois, et même le feuilleton qu'il ignore d'habitude. Il entend la sonnerie du téléphone, referme le couteau militaire, pose les assiettes graisseuses à côté des tasses sur le plan de travail et va au corridor, non sans avoir tout d'abord éteint la lumière dans la cuisine, et finit par décrocher le combiné.

– Salut.
– Ça va.
– Non, elle n'est pas là.
– Porrentruy.
– Porrentruy? Porrentruy, c'est Porrentruy, point barre.
– Un cours, que sais-je.
– Elle veut se perfectionner, s'instruire, s'illusionner…
– Arrête ça. Je vais très bien.
– Naturellement, je me suis fait des rœstis, des super rœstis…
– Seul ou avec Beat?
– Ben passe, t'as une clé? Je serai peut-être…
– Ciao Urs.

Il s'approche de l'escalier en traînant un peu les pieds. Le vin? Oh, une demi-bouteille, ce n'est pas ça qu'il sent. Cette peine à hisser le pied gauche, c'est le poids de son rôle.

Doit-on vraiment rester père toute sa vie ? A engendré deux fils, s'est occupé d'eux loyalement et sans compter : longues séances de bricolage pour raboter et sculpter le bois, sorties de varappe, nuitées dans les cabanes ; natation, en piscine d'abord et puis dans l'Aar, au fil du courant ; et toujours un œil sur eux, prêt à intervenir par ci, à empêcher cela. Il a été un père présent, ne s'est jamais défilé, maintenant non plus ; paie ponctuellement le chèque mensuel. Ces messieurs étudient à Zurich, ont leur propre cercle d'amis ; plus besoin du père comme compagnon de cordée, ils grimpent plus vite, normal. Sans eux, on respire mieux, on se trouve bien somme toute, on s'installe ; et soudain les revoilà dans l'appartement, clés en main, chez eux.

Il est vrai qu'Urs s'est annoncé, dans l'espoir que sa maman lui aura préparé son linge tout frais lavé. Et voilà que seul le vieux est là, qui aurait préféré ne pas être père aujourd'hui. Il devra l'être à nouveau demain, quand Beat rappliquera comme tous les mardis après l'entraînement, avec ses remises en question tous azimuts et son attente de réponses, il ne lui fichera pas la paix, au père, de retour d'une rude journée.

Hans devait être seul ce soir et se serait bien accordé un petit extra. Aucune bêtise, rien derrière le dos de sa femme comme d'autres savent le faire ; il est un homme foncièrement honnête, dans le privé comme au travail. Mais il se serait bien passé un petit film coquin, de ceux qu'on ne regarde pas avec sa femme, ni avec ses fils.

Il monte l'escalier, s'arrête à nouveau, traîne le pied droit sur la marche suivante et, avec lui soudain, comme un boulet, ce mauvais hiver de sa jeunesse. Dans son souvenir ne subsistait que l'été d'avant, le reste était simplement oublié, et voilà que cela refait surface, suscité par ce voyage à Porrentruy. Pourquoi Lisbeth devait-elle aller prendre ce cours, et pourquoi justement là-bas ? De toute façon, à quoi bon ce travail, pénible et mal payé? Elle qui n'en aurait pas besoin, il le lui a souvent rappelé. Reste à la maison, qu'il lui disait, prends du bon temps maintenant que les garçons sont partis. Lisbeth l'a écouté tranquillement comme toujours, puis elle en a fait à sa tête.

Cours pour cours : l'offre existait certainement aussi à Berne ou à Bâle plutôt que dans ce bled de Porrentruy.

Dans son bureau il va droit à sa table de travail, sans regarder la nouvelle maquette du pont ni le cadre de la photo de la famille, pour s'arrêter devant une autre plus petite, le portrait d'une femme.

Cela fait des années qu'il ne l'a plus vraiment regardée, comme beaucoup de choses dans sa maison. Ce qu'il a accroché aux murs et posé sur des commodes un jour est simplement resté en place, cela fait partie du quotidien, il ne le remarque plus.

Et voilà qu'il se ressouvient d'une sacrée dispute que cette photo avait déclenchée entre Lisbeth et lui peu après leur mariage. Elle l'avait rangée dans un tiroir. Hans avait horreur qu'elle intervienne sur son bureau, c'était son domaine à lui, et ce qu'il y mettait ne la regardait pas. Elle en a pris acte ; mais plus tard elle a fait venir un professionnel pour faire des photos de famille et lui en a offert une, plus grande que l'objet du litige : il a compris où elle pensait qu'il devait la mettre.

Pourquoi donc avait-il tenu à garder l'autre sur son bureau ?

Rêveur, il prend la photo et lit au verso, Photo Studio Porrentruy. Puis il la retourne et contemple la femme qui rit.

Bon sang, s'exclame-t-il dans sa solitude, qu'elle était jeune !

MARDI

Lisbeth Bähler se réveille. Le temps d'un effroi, elle se demande en vain où elle est et retombe dans le néant ; jusqu'à ce qu'elle prenne conscience du jour de la semaine, mardi, et que la valise ouverte, la table, la télé fassent à nouveau partie de sa chambre d'hôtel, avec la sonnerie de cloches de l'église Saint-Pierre.

Elle se lève d'un bond, regarde le réveil. Sept heures : Adeline est au travail depuis quinze minutes déjà. Chiche, elle se pelotonne à nouveau sous la couette.

Le cours commence à neuf heures.

Même si elle arrivait après le premier exposé, personne ne s'en formaliserait. De toute façon, ces conférences l'ennuient. Elle n'a plus l'habitude de rester longtemps sur une chaise, dans une salle pleine et dans un air confiné. Il suffit qu'un orateur s'approche de l'estrade pour qu'elle se mette à bâiller, la main devant la bouche et les yeux traîtreusement humides.

Personne ne s'étonnerait de ne pas la voir apparaître au déjeuner. Elle a une chambre simple, alors que les autres logent presque toutes à deux. Elle paie évidemment plus cher, mais cela vaut la différence.

Jamais elle n'aurait téléphoné en présence d'une inconnue dans l'autre lit. Comme ça, au contraire, tout a été plus facile. Et pourtant elle n'avait aucun point de repère, si ce n'est le nom de jeune fille et le domicile d'il y a trente ans. Quelques appels – deux fois dans un bureau communal – et toujours des réponses aimables à ses questions soigneusement préparées en français. Puis, la gorge nouée, ce fut enfin ce qu'elle redoutait le plus : l'appel à Adeline elle-même. Elle en avait rédigé le début.

Le bonjour d'abord, aussi aimable que possible, puis l'explication.

Pardon, Madame, j'aimerais faire votre connaissance, je suis l'épouse de monsieur Bähler, Hans Bähler de Berne. Je vous connais par votre photo, mon mari l'a sur son bureau depuis des années. Elle y était déjà quand je l'ai épousé, il y a vingt-cinq ans, et elle s'y trouve toujours, je la – comment dit-on en français? ah, oui – je l'époussette chaque semaine, c'est un très joli portrait. Et comme je passe quelques jours à Porrentruy, j'ai pensé…

Mais d'emblée ce fut différent. Adeline l'a interrompue au nom de Bähler déjà, et ri de bon cœur à propos de la photo, toute disposée à rencontrer Lisbeth.

À l'heure qu'il est, cela fait un bout de temps qu'elle doit être à son établi: debout? assise?

Hier après cinq heures, ce n'est pas une ouvrière d'usine, mais une dame qui sortait de sa Mazda. Une femme sans âge qui semblait n'avoir aucun rapport avec la jeunette de la photo. En lieu et place des boucles foncées tombant sur les épaules, voici une touffe de cheveux teints en rouge sous un petit chapeau gaillard. Et d'épais verres de lunettes sur des yeux jadis grands et brillants. Était-ce bien elle?

Sans doute, car Adeline s'est approchée, l'a saluée spontanément et proposé, en regardant le soleil, de faire une balade avant d'aller boire un verre.

Lisbeth s'est laissée conduire sans poser de questions. À peine en route, elles bavardaient déjà comme de vieilles connaissances. Adeline comprenait son français approximatif avant même la fin des phrases, elle parlait de sa vie et posait des questions sur Hans en toute liberté.

Dégagée, Lisbeth l'était aussi, et contente d'elle. N'avait-elle pas toléré la jeune femme sur ce bureau depuis des années? Au début seulement, juste après son mariage, elle avait protesté avec force et l'aurait bien jetée à la poubelle, cette photo. Mais comprenant que c'était une histoire ancienne et sans importance, elle avait toléré ce portrait avec magnanimité tout en le dépouillant de sa poussière hebdomadaire. Il faisait partie intégrante du bureau tout comme la boîte à tabac ou la maquette du pont, et plus jamais il n'en fut question.

La semaine passée, à l'approche de son cours, elle eut soudain envie de rechercher le premier amour de son mari dans ce Porrentruy. Naturellement elle n'en dit mot à Hans, ni aux garçons. Ils se seraient moqués d'elle.

Peut-être que la femme refuserait, ou ne se souviendrait ni du nom, ni d'un quelconque monsieur de Berne. Pour raviver sa mémoire, elle avait pris dans ses bagages une photo de jeunesse de Hans, du temps qu'elle l'avait rencontré. Il devait bien avoir eu la même allure pour la Bruntrutaine.

Elle l'emporta au rendez-vous, tout en sachant qu'Adeline n'avait pas besoin d'un tel rappel. Après une petite promenade au bord d'un étang, elles étaient assises sur un banc et profitaient de la chaleur, la première après le long hiver. Elle sortit alors le jeune Hans de son sac. À présent, dans le lit de sa chambre d'hôtel, le fou rire la reprend au souvenir de celui que la photo a déclenché.

Adeline Roux entre à tâtons dans l'obscurité de sa chambre, s'affale dans la chaise à bascule, se blottit dans la peau de mouton et, de la main gauche, se met des compresses sur les yeux. Dix ans qui lui restent à tirer jusqu'à la retraite... Va-t-elle tenir le coup jusque-là?

De son bras droit elle cherche la radio sur la table, tourne le bouton. «J'ai pas d'soleil à t'offrir», dit la complainte du chanteur. Elle fredonne avec lui en se balançant, et passe la soirée à se bercer alors qu'elle devrait nettoyer, repasser ses blouses, sortir la valise, faire tout ce qu'elle n'a pas fait hier à cause de cette rencontre. Mais c'était chouette.

Une «Bernoise» sortie des livres, cette Lisbeth, grande et réfléchie, avec une foulée de promeneuse comme si elle faisait une course de fond. Un manteau et une écharpe sans allure malgré la qualité du matériel, le pantalon robuste aussi, elle l'aura sa vie durant. Mais pas dépourvue d'humour, la dame, à vrai dire la dernière qualité qu'elle aurait imaginée chez une Bernoise.

Et le scoop de son portrait exposé depuis près de trente ans sur un bureau à Berne…

Ça, elle va le raconter à sa mère, Adeline. Tout en riant, elle ôte ses compresses et actionne du bout du pied l'interrupteur de la lampe. L'autre photo, celle du jeune Hans – ses épaules se trémoussent de rire – elle la possède aussi : mise de côté à peine reçue, il y a tant d'années, et joliment oubliée. Elle traîne quelque part, peut-être au fond de l'armoire.

Mais quelle image d'elle-même avait-elle envoyée à Hans ?

Elle ne s'en souvient plus : question à poser quand elles se retrouveront pour souper ; Lisbeth a proposé le tea-room de la vieille ville.

Et pourquoi pas ici même ? Elle ferait le repas, inviterait la Bernoise.

Mais le frigo est vide. Elle devrait encore faire des achats, mettre l'appartement en ordre.

Prendre la poussière. Mon Dieu, enlever la poussière chaque semaine, sur chaque photo exposée… Elle aussi déteste la poussière, cette ennemie numéro un dans son métier.

Un grain de poussière dans la boîte, et la montre est fichue. Heureusement qu'à la maison elle ne la voit pas ; le matin elle éteint en sortant et, en rentrant le soir, elle tourne de nouveau l'interrupteur. Le samedi enfin, elle a autre chose à faire que d'épousseter des photos. Madame Lisbeth doit mener une vie bien agréable et tranquille dans une grande villa pleine de beaux objets, et avoir beaucoup de temps libre. Pour Adeline au contraire, le temps est chose rebelle ; son lot est de le ciseler comme une matière précieuse, de le fractionner en d'infimes éléments d'une régularité parfaite, contribuant ainsi à gérer la valeur-temps du monde globalisé.

C'est qu'elle aime bien le refaire, le monde ; elle s'en est vraiment rendu compte quand Jean-François allait au lycée et qu'elle se passionnait, le dimanche, à regarder ses livres en discutant de tout avec lui. Un jour il lui a dit : Maman, tu aurais dû faire des études.

Mais maintenant il n'y a pas d'études qui fassent. Si elle veut inviter cette femme, elle a encore beaucoup à faire. Où s'asseoir à deux ?

Voilà où elle en est : pas de canapé. L'ancien – une horreur dont elle avait hérité – fichu à la décharge. Pas question d'en acheter un nouveau cette année, avec ce que vont coûter ces prochaines vacances à l'étranger. Pas non plus de sièges à dossier à part la chaise à bascule, mais qui n'offre qu'une seule place. Et les deux tabourets de la table ronde sont trop durs pour s'y asseoir toute une soirée. Naturellement, les gens du pays prendraient place avec elle à la cuisine. Ce serait plus sympathique.

Elle cherche à faire le tour de cette chambre avec les yeux d'une étrangère.

La layette d'horloger de grand-père avec ses jolis petits tiroirs de chaque côté, qui sert bizarrement de support pour le téléviseur.

Le philodendron, sa tige maigrichonne qui rampe feuille à feuille vers la fenêtre, pas une enseigne vraiment ; et le tapis, élimé par tant de pas et d'années.

Ce n'est pas un salon comme elle l'aimerait, il n'y a que les luminaires qui lui plaisent, là elle n'a pas regardé à la dépense. Elle adore l'éclairage diffusé par ses deux lampadaires, l'un en forme de calice, l'autre aux pétales ajourés. Pour rien au monde elle ne voudrait de ces horribles lustres d'autrefois.

La pendule, elle l'aurait bien vue à la cuisine, une authentique neuchâteloise, le seul héritage de valeur du grand-père des Franches-Montagnes. Elle y serait mieux en valeur qu'ici – quoique trop exposée aux vapeurs –, et les tresses d'oignons et les bouquets de laurier n'y auraient plus leur place, sans compter les poteries en céramique au-dessus de la banquette...

Allons, pas maintenant : les vacances de Pâques d'abord. Yvette s'en réjouit comme une gosse ; elle a du temps perdu à rattraper, car les vacances « en famille », ça n'existait pas pour elle. Faute d'argent, le portemonnaire paternel le permettait pas. Maintenant sa fille gagne le double de son salaire à elle. Et toutes deux possèdent une voiture, chose qui aurait paru impossible dans le temps, même en rêve. Il n'y a pas de quoi se plaindre, vraiment pas. Juste à espérer que la fabrique ne ferme pas.

Elles prendront sa Mazda, qui doit encore passer au garage. Il y a encore ça ! Voilà qui décide de la question d'inviter ou non madame Lisbeth.
Va donc pour sa proposition du tea-room en vieille ville.

Lisbeth descend de la voiture, frissonne devant la façade nue, lève le regard vers la couronne éclairée par le réverbère qui domine l'entrée, et attend que la Mazda ait trouvé sa place à côté du fumier.
Plutôt que La Couronne, une auberge de campagne aussi cossue, elle aurait préféré le tea-room de la vieille ville. Mais il était fermé, alors Adeline a proposé d'aller à la campagne manger la friture de carpe, une spécialité ajoulote.

« Carpes frites », annonce l'enseigne en lettres majuscules. Lisbeth se demande si elle aimera. Chez eux, on mangeait du porc, celui bouchoyé la dernière semaine de l'année ; parfois une poule y passait, ou un lapin. Le bœuf n'apparaissait sur la table que si on avait dû en tuer un. Du poisson, jamais.
Elle a fait de même chez elle plus tard. Alors qu'elle pouvait s'approvisionner dans les magasins de la ville de tout ce qui

peuple les lacs et les mers, elle s'en est tenue à la viande qu'elle connaissait de la ferme familiale.

D'un pas hésitant, elle suit Adeline sur les marches de l'entrée. Les auberges de campagne lui rappellent des souvenirs désagréables. Surtout celle de son village où elle avait fait des remplacements et subi les propos obscènes de Moosbächler à qui personne ne fermait le caquet. Pire, les autres s'empressaient d'ajouter leur grain de sel à sa soupe salace. Ici au contraire, Lisbeth se laisse conduire, elle attend qu'Adeline ait salué à la ronde et reçu de chacun un accueil chaleureux, de ce ton de voix joyeux qui ne cesse d'étonner la Bernoise. Dans aucun autre coin du pays elle n'a encore rencontré autant de bonne humeur. À table, conquise par l'ambiance, elle questionne Adeline sur son travail et lui demande si elle a des enfants.

Adeline allume une cigarette, commande la friture, dit en passant qu'elle est régleuse, parle de deux enfants, un garçon et une fille, puis renverse la tête en expirant la fumée comme un soupir. Tous deux volent maintenant de leurs propres ailes, ajoute-t-elle en riant.

Jean-François est journaliste à Lausanne, et Yvette, institutrice. La semaine prochaine, elles partiront ensemble au bord de l'Adriatique.

Lisbeth écoute. Assise pour la première fois en face de son interlocutrice, elle l'observe discrètement.

Blouse noire genre soie, certainement de la viscose; collier de perles à coup sûr fausses, mais assorties à sa chevelure rousse; monture de lunettes d'un vert insolent; et les bagues à ses doigts effilés, six en plus de l'alliance, les mains soignées qu'elle tient levées quand le plat de friture arrive sur la table; le battement de cils voluptueux quand on verse le vin blanc, tout cela confirme sa première impression d'hier, celle d'une indépendance certaine.

En voilà une qui ne lave pas le linge d'un homme, pense Lisbeth. Elle ne repasse pas ses chemises ni ne brosse ses chaussures, elle ne lui mijote pas des repas qui soient prêts à la seconde même où elle entend la porte s'ouvrir. Ni ne prend mille précautions pour savoir si elle peut sortir manger avec quelqu'un sans lui. Elle n'a pas hésité un instant, hier, quand Lisbeth lui a proposé de passer la soirée avec elle. Elle vit seule, c'est certain. Quant à savoir depuis quand et pourquoi, ce n'est pas une question que l'on pose à la deuxième rencontre.

Adeline lui tend le plat de carpes et l'encourage à manger les poissons croustillants avec les doigts, selon l'usage d'ici.

C'est au tour de Lisbeth maintenant. Elle aussi parle d'enfants, qui n'en sont plus. Beat et Urs. Tous deux sont étudiants à Zurich. Le cadet, en agronomie, fait des stages à la ferme. L'aîné suit les traces de son père dans le génie civil. Comme Adeline doit le savoir, ajoute-t-elle malicieusement.

L'autre opine en riant.

Qu'est-ce que Hans vous a dit de moi?

Peu de choses. Qu'il y a eu une Adeline Choffat dans sa vie.

Elles rient toutes les deux, reprennent un morceau de carpe et y croquent à belles dents.

Knusper knusper Knäuschen... Qui donc croque à ma maison? Quel conte était-ce déjà? Mais oui, Hänsel et Gretel. N'était-ce pas la sorcière croqueuse d'enfants? Je suis une croqueuse d'amants, pense Lisbeth quand ça craque sous la dent.

Mais elle repousse le fantasme et regarde Adeline, qui parle vivement et de tout à la fois: du ruisseau où son père pêchait les carpes; de son métier de pierriste qui consistait à tailler les minuscules rubis pour les montres mécaniques; du journal auquel il était abonné et que, petite fille, elle devait toujours aller chercher à la poste parce que le facteur refusait de distribuer une feuille de gauche; des vacances aux Franches-Montagnes, chez le grand-père qui était encore un véritable artisan, durant l'hiver, il fabriquait de toutes pièces des montres qu'il allait vendre au printemps; de ses enfants, qui n'avaient plus aucune idée de la lutte des ouvrières de fabrique pour défendre leurs droits. Pas un sou d'augmentation, pas une minute de loisir accordés de plein gré, elle avait dû se battre pour tout.

Lisbeth est fascinée par l'étonnante expressivité du visage qui lui fait face, passant sans transition de la petite fille à la complice, de la mère à la femme blessée, de la militante à la grande dame, et redevenant bonne vivante aussitôt qu'elle approche le verre de ses lèvres.

Un monde du travail radicalement différent s'ouvre à Lisbeth ébahie. Elle jette un coup d'œil à son poignet. La montre, un mal nécessaire jusqu'ici, l'intéresse tout à coup en tant que telle, et elle se renseigne sur l'artisanat de ce grand-père horloger. Elle pourrait écouter les explications d'Adeline pendant des heures, et elle comprend presque tout du premier coup, pas comme à son cours où elle cherche péniblement la réalité concrète derrière le jargon médical.

À vrai dire, c'est une autre question qui lui brûlait les lèvres tout au long de la soirée : comment Adeline a-t-elle fait la connaissance de Hans ? Mais voilà que tout à coup, elle n'est plus sûre de vouloir connaître la réponse et se met à raconter spontanément sa première rencontre avec son mari. Parmi les innombrables patients de l'hôpital où elle travaillait, elle a soigné un ingénieur qui s'était cassé la jambe. Elle l'a épousé, a tenu le ménage pour ses hommes, et à présent, elle cherche timidement à sortir de ses quatre murs pour rafraîchir ses connaissances de naguère.

Adeline sourit comme s'il s'agissait d'enfantillages et demande à Lisbeth si elle a aimé la friture.

Son enthousiasme pour les carpes croquantes est accueilli avec bienveillance aux autres tables. Et en sortant derrière Adeline, sûre d'elle et touchée par la gentillesse des adieux, elle repense au bistrot de chez elle où elle servait jadis, le dos courbé et la tête dans les épaules, jusqu'à vouloir parfois disparaître sous terre.

Dans l'ascenseur de l'hôtel, à Porrentruy, elle sent que les muscles de ses joues lui font mal – une partie jusque-là inconsciente de son visage. Rarement encore elle a autant ri que ce soir.

Hans graille dans sa pipe, il aimerait bien aller dormir, mais la salle de bain est toujours occupée.
On se douche à n'en plus finir, on se lave les cheveux, et on se rase sans doute. Qu'est-ce qu'il se figure ? Départ pour Zurich demain aux aurores et il est bientôt minuit. À cet âge, ça ne connaît pas la couleur de la fatigue.
Ça rentre après l'entraînement, ça se défait de son sac à dos et de sa veste, ça fait main basse à la cuisine sur toutes les réserves que son père lui trouve dans le frigo. Ça siffle du chianti à des heures tardives, comme si c'était la chose la plus naturelle du monde de voir son géniteur lui verser à boire. Le dos à la paroi et les pieds sur le radiateur, ça s'étonne que la mère aille suivre un cours à Porrentruy précisément, et ça demande : Dis donc, qu'est-ce qui s'était passé au juste, je veux dire avec ta bonne amie ?
À la question abrupte de son fils tantôt, Hans a sursauté.
Qui est-ce qui t'a...
Beat a ri en rappelant la photo sur le bureau, qu'un père eût mieux fait de ne pas exposer s'il voulait cacher quelque chose à ses fils. Que de fois dans son enfance ne l'avait-il pas prise dans les mains, lu au verso « Photo Studio Porrentruy » et puis contemplé la femme. Quand il n'y avait personne à la maison, ou seulement Urs, bien sûr. Sa maman lui avait d'abord paru bien plus belle, il haïssait cette dame, mais plus tard il l'a trouvée intéressante et pourrait bien, à présent, tomber amoureux d'elle.
Elle était bien au lit ?
Encore une de ces attaques frontales. Jamais Hans n'aurait posé une telle question à son propre père, même après trois verres de chianti en fin de soirée.

Il l'a mal pris et s'est campé sur la défensive : de son temps on aimait autrement, pas aussi banalement qu'aujourd'hui, sans discernement ni sens des responsabilités. En ce temps-là, on faisait encore la cour aux femmes, qui avaient d'ailleurs des manières très prudes. Surtout dans les régions catholiques, où le mariage devait de préférence précéder le premier baiser.

Beat a pouffé de rire, reniflé la manche de son t-shirt et disparu dans la salle de bain.

Tandis qu'il l'entend batifoler dans l'eau, il tire sur sa bouffarde refroidie. Le premier baiser... N'y avait-il pas quelque part une église solitaire, un vieux clocher, un escalier en colimaçon et, sur le solier tout en haut, un mouvement d'horlogerie ?

Cela tictaquait à la ronde, les rouages s'engrenaient, et de grosses pierres en guise de poids dévidaient les chaînes sur le sol dans un grincement retenu.

L'ambiance était lugubre sous les poutres, on n'entendait que le bruit des secondes qui tombaient irrévocablement dans un silence de plomb. La mécanique distillait une vie stérile.

Et devant lui brillait de tout son éclat le visage d'une jeune femme, et ses yeux lui riaient.

Il l'embrassa sur les joues, sur la bouche, sur le cou, dans la gorge. Ah ! entraver le jeu des chaînes et des rouages, abolir le poids des pierres, arrêter le temps. L'horloge fut correcte. Il n'entendit plus son cliquetis.

Il ne sait plus où se trouve l'église ni pourquoi il y était entré avec Adeline. Seul lui reste le souvenir de cette tempête d'émotions sous la flèche d'un clocher complice.

Adeline remonte sa rue dans la nuit et branche l'autoradio. L'idée de la friture était réussie. On lui avait dit que les Suisses allemands ne mangeaient pas de ce poisson-là, trop ordinaire à leur goût. Mais cette Lisbeth en a repris, l'a apprécié et tout payé, même le vin. Elle aura reçu une bourse bien pleine pour son voyage. Hans était déjà généreux dans sa jeunesse.

Mais quant à savoir où ils s'étaient connus, Hans et elle, cela ne semblait pas intéresser Lisbeth. Elle voulait savoir autre chose. Peu avant de se quitter, elle a demandé, exactement comme Hans l'avait fait il y a des années, avec la même intonation, chaque mot articulé séparément :

En fait, comment est-ce qu'on fabrique une montre ?

C'est ainsi que cela avait commencé.

Elle n'avait pas douté de son intérêt, lui avait dessiné les parties les plus importantes de la montre dans le sable du chantier, à la hâte, de peur d'être en retard à son travail.

Non, le commencement, c'était encore avant, elle s'en ressouvient maintenant. Elle avait dû descendre de bicyclette un matin, la route était fermée avant le virage. Un barrage de poutres et de sable l'empêchait de poursuivre alors qu'elle aurait dû pédaler ferme, elle était en retard une fois de plus malgré les rappels à l'heure de sa mère. Elle devait avoir l'air très malheureuse, car un homme encore jeune avait enjambé la barrière et lui avait demandé avec un fort accent bernois s'il pouvait l'aider. Il avait porté sa bicyclette par-dessus le sable et les pierres, et elle l'avait suivi en sautillant, reconnaissante. La scène s'était répétée le lendemain et tous les matins suivants. Pourquoi donc aurait-elle observé la déviation signalée si un jeune ingénieur s'empressait de lui transporter sa bicyclette ?

Un appui du doigt, et les deux essuie-glaces luttent contre le torrent qui inonde le pare-brise. Ce serait terrible si elle devait encore circuler à bicyclette comme jadis, par ce temps et de nuit. Et cette montée jusqu'à l'immeuble où elle habite, au troisième. En se garant devant la charmille, elle donne pleins feux sur un clapier. C'est un tourbillon de pattes et d'oreilles, les lapins se sont réveillés en sursaut. Adeline se hâte d'éteindre et reste assise, elle n'a pas de parapluie.

N'était-ce pas avril aussi quand chaque jour elle se réjouissait de retrouver ce chantier ? Un mois d'avril lumineux, avec de petits soleils dans les prés et dans le ciel le tout grand, les ouvriers qui sifflaient quand l'ingénieur soulevait sa bicyclette. Cet affreux pantalon qu'il portait, un survêtement de montagne ou quelque chose comme ça, bouffant sur les cuisses et fermé sous les genoux par une martingale. Les jeans n'étaient pas encore à la mode. Il portait toujours cette même culotte, plus tard aussi quand il venait chez elle ; comme la fois où elle avait pensé qu'il s'intéressait vraiment aux montres et qu'elle voulait lui montrer l'atelier de son grand-père. Il possédait une voiture – aucun des jeunes de chez elle n'en avait – et elle trouva formidablement « chic » de se faire emmener dans les Franches-Montagnes par son ingénieur. Presque arrivés, alors qu'ils voyaient déjà l'église, elle avait pensé au mouvement d'horlogerie du vieux clocher. Il pourrait ainsi comprendre le fonctionnement d'une montre.

Au sommet de la tour, elle n'eut pas le temps d'expliquer. Il l'embrassa et la serra violemment contre lui. Poitrine dure, ventre dur et, entre les cuisses, la dureté de ce nœud, le mal en personne, on l'avait souvent mise en garde ; elle prit peur, pensant à tout ce qu'au catéchisme le curé avait dit du péché et des langues fourrées. En étaient-ce ou pas ? De toute façon la chose lui semblait particulièrement grave parce qu'on était dans une église. Et pourtant, c'était agréable, elle y prit plaisir et embrassa à son tour.

En redescendant la viorbe, il lui dit en ricanant qu'arrivée en bas, elle pourrait aussitôt aller se confesser au curé.

N'y mêle surtout pas le curé, rétorqua-t-elle ; sinon, c'est l'histoire qui s'est passée à Saint-Ursanne qui risque de te pendre au nez. Tu la connais ?

« Il y était une fois, à Saint-Ursanne, un jeune homme amoureux fou d'une fille rencontrée dans les saules, un soir qu'il pêchait la truite. Selon le temps qu'il faisait, il retournait chaque nuit au bord du Doubs pour la revoir ; comme elle ne parvenait pas à s'en débarrasser, elle lui dit une fois :
– Si tu m'ennuies encore, je me change en oiseau.
– Eh bien, je me ferai oiseleur. Alors, je te prendrai dans mes filets.
– Ah ! c'est ainsi que tu l'envisages... Si tu deviens oiseleur, je me fais poisson pour me coucher au fond de l'eau.
– Tu oublies que je suis pêcheur. Tu serais bientôt dans mon vivier...
– Puisqu'il en est ainsi, je me ferai églantine.
– Je n'aurai pas grand-peine à te cueillir pour te mettre à ma boutonnière...
– Bon ! Donc, je me transformerai en hirondelle.
– Petite folle ! Sera-t-il malaisé de te prendre, la nuit, dans ton nid ?
– Pour me débarrasser de toi, je me changerai en étoile.
– Eh bien, je deviendrai une nuée blanche et j'irai t'envelopper au ciel.
– Je redescendrai en caille et je me cacherai dans les blés.
– Alors je me ferai milan et je t'aurai bien vite dans mes serres.
– Pauvre fou, tu ne me tiens pas encore, car je me ferai religieuse dans un couvent.
– Je deviendrai moine dans ton monastère, je te chanterai la messe, je te prêcherai du haut de la chaire, je te confesserai à l'abri du confessionnal...
– Et moi, je tomberai morte et on m'enterrera, alors je serai enfin débarrassée de toi.
– Je mourrai aussitôt, le même jour, à la même heure que toi, et on m'ensevelira à tes côtés.
– Je constate que tu m'aimes à la folie et que tu seras toujours sur mon chemin, que je sois morte ou vivante. Eh bien,

allons vite trouver le prêtre à la cure et qu'il nous marie sans tarder... »[28]

– C'est ce que les filles d'ici racontent à leurs amoureux. Qu'est-ce qu'elles leur disent à Berne ?

– Je ne sais pas, rien, je suppose, dit-il. Et toi, à combien de gars as-tu déjà conté ton histoire ? Tu as trois amoureux à chaque doigt, pour sûr...

– Pas vrai. Si tu veux savoir, je viens de me faire embrasser pour la première fois.

C'était évidemment un mensonge ; mais les baisers qu'elle avait reçus sur les joues à la volée, et de un, et de deux, à la rigolade, ça ne comptait pas. Voilà la sainte-nitouche qu'elle voulait paraître ; et pourtant le monde n'était plus le même après ce baiser dans l'église, mais neuf et plein de clochettes d'argent qui tintaient dans la noire ramure des sapins francs-montagnards.

Un rire crispé dans la bouche, elle brave la pluie pour rentrer en courant, et larguer ce souvenir. Ah ! la jeunesse d'autrefois...

MERCREDI

Après minuit, Hans est enfin au lit ; quant à dormir, peine perdue. Les pensées rebelles le ramènent au sommet de ce vieux clocher. Il devait se trouver dans les Franches-Montagnes, sur ces hauteurs qui, à chaque fois qu'il s'y rendait, lui donnaient l'impression d'être perdu au bout du monde. Trop de dégagement partout, pas comme là où il avait grandi.

Derrière le chalet de ses parents, il y avait un coteau protecteur, et en bas, le lac, ce miroir à maîtriser, à la nage d'abord, et plus tard sur son voilier ; la planche à voile n'était pas encore à la mode en ce temps-là. Et quand le garçon ouvrait la fenêtre de sa mansarde au point du jour, il saluait le sommet du Morgenberghorn, puis le Niesen et, tout au fond, la grande cime qui le fascinait été comme hiver dans sa blancheur éternelle.

Avec Noldi, un voisin du même âge, il les avait toutes faites. On traversait des paysages familiers, on passait par les raccards des mayens, par les alpages et les pierriers pour atteindre les rochers, les névés et jusqu'aux glaciers.

Les Franches-Montagnes au contraire n'étaient pour lui ni chair ni poisson ; on y était certes sur les hauteurs, mais ce n'était quand même pas un alpage, ou alors on descendait dans des vallées ennuyeuses, dans des villages qui avaient l'air renfermés. Des murs, rien que des murs, pas de bois, pas d'auvent protecteur, pas de fleurs aux fenêtres. Non pas qu'il fût un fada des fleurs, il pouvait très bien s'en passer, il avait trop souvent pesté en transbahutant les caissettes à géraniums de sa mère. Mais les géraniums faisaient partie intégrante de l'été, ils avaient dûment leur place aux fenêtres d'une maison suisse. Les râleurs francs-montagnards avaient de toute façon quelque chose contre la Suisse, ils s'excitaient contre le projet d'une place d'armes, incendiaient les fermes du Département militaire[29]. Il avait été soulagé, à l'époque, de ne pas devoir travailler sur un de ces chantiers là-haut. Dans les Franches-Montagnes, il se trouvait comme à l'étranger. Il détestait ces églises avec leur croix sur le clocher et leurs confessionnaux tout au fond, et toute cette prêtraille en soutane noire et au chapeau bizarre qui sentait l'eau bénite. De naissance, il était allergique à tout ce qui est catholique. Au Conseil de paroisse, son père s'était opposé avec succès au pasteur, qui aurait voulu qu'au culte l'assistance récite le Notre Père avec lui. Cela aurait fait trop catholique à ses oreilles, comme pour d'autres paroissiens. Non, son fils n'aurait pas osé amener une amie catholique à la maison.

À présent, couché dans le lit matrimonial, il rit de cette aversion héréditaire. Tout ce qui touche à la foi le laisse froid depuis longtemps. L'Ajoie était certes catholique comme les Franches-Montagnes, mais il n'y avait pas vu d'églises, rien que des routes et une cycliste.

Le grand-père de la petite, le vieux de là-haut, il ne l'avait jamais encaissé. Il ressentait toujours un malaise en sa présence.

Pas à cause de son métier étrange, de cet outillage si délicat posé sur l'établi devant sa fenêtre ; mais les yeux du bonhomme le dévisageaient comme un médecin qui scrute son patient. C'est du moins ce qu'il s'imaginait.

Elle lui avait raconté que son grand-père « faisait le secret » ; ce qui, dans sa langue à lui, sentait les pommades et l'alchimie. Frais émoulu de l'École polytechnique aux salles ripolinées où circulaient des idées claires et distinctes, il considérait cette obscure médecine naturelle comme une absurdité. Non, il n'aimait décidément pas les Franches-Montagnes. Mais Adeline l'y avait entraîné deux ou trois fois ; elle était ravie de sortir en voiture avec lui, et il n'aurait rien pu refuser au papillon de son cœur.

La danse non plus. Lui qui à chaque bal s'était réfugié derrière les tables, soulagé de ne voir aucune importune venir le chercher pour un tour, voilà qu'en Ajoie il accompagnait Adeline à une fête de village. Ou de paroisse : il se souvient juste que c'est elle qui l'avait proposé, et qu'il avait téléphoné à la maison pour dire qu'il ne rentrerait pas dimanche : il y avait du travail imprévu et il devait, étant le plus jeune... Dire qu'il en était encore là ! Se croire obligé, à vingt-cinq ans, de donner des explications aux parents parce qu'il ne rentrait pas. Il secoue la tête et pense à ses fils qui font ce qui leur plaît, sans justifier leurs absences, tout en comptant à leur retour sur le dévouement total des parents ravis de les revoir.

Bon, il n'en resta pas à ce seul dimanche et prit goût à la danse. C'est qu'ici il n'y avait pas de gros lourdauds en godillots comme dans son village, ni d'épaisses matrones en costume traditionnel à conquérir comme des tours; point non plus de contorsions comme au bal du Poly, ni de trucs à la mode pour lesquels il fallait se payer des cours; on dansait tout simplement, on faisait confiance à ses pieds, et le reste suivait.

Dans son souvenir ça vibrait, ça planait, ça causait joyeusement, ça vivait de musique. Et puis, comble du bonheur, cette nuit d'été chez un des nombreux cousins d'Adeline en France, ça devait être un mariage.

Quelle gaieté! Et ce sentiment de manquer de bras pour toutes ces femmes en liesse qui le désiraient, lui soudain libéré, aérien, qui valsait comme en rêve sur les pavés de la cour illuminée de lampions multicolores!

Il s'énerve et se retourne dans son lit, rabattant le duvet, gonflé d'énergie, pestant contre son insomnie, et dans quelques heures, il aura une séance au Service des travaux publics à propos du projet de gare souterraine…

Adeline fixe la loupe à ses lunettes, ajuste la lampe. Avec les brucelles, elle saisit le ressort sur l'établi et l'introduit au cœur du mécanisme. Elle est cardiologue de la montre, a-t-elle dit hier à Lisbeth, elle en règle le pouls par le jeu du balancier et de l'échappement.

En y repensant, la régleuse éclate de rire, habituée pourtant de longue date à ne pas ouvrir la bouche ni à souffler du nez, de peur de balayer les petites vis et les ressorts disposés sur l'établi. Lisbeth lui a répondu qu'en allemand, le « cœur » de la montre ne balance ni ne s'échappe : il est réglé par l'« inquiétude », *die Unruhe*, et le « blocage », *die Hemmung*. Si Adeline avait connu ces termes plus tôt, elle y aurait vu le symbole de sa relation avec Hans, un été d'agitation et de blocage. Son inquiétude était notoire. Rien ne restait secret au village. Tout le monde savait tout, et on se moquait d'elle. Les gars du pays singeaient son ingénieur en la saluant avec un lourd accent bernois, « booonchour Adeliiine. »

À la maison aussi, c'en était fait de sa tranquillité. Il suffisait qu'elle oublie de débrancher la prise du fer à repasser pour qu'on lui tombe dessus. Elle avait complètement perdu la tête, disaient-ils, elle filait du mauvais coton. Son papa se taisait certes, et elle allait volontiers lui chercher son journal socialiste à la poste. Mais la maman voyait déjà sa fille déraper sur la pente glissante du protestantisme ; et sa grand-maman aurait mieux vu un mariage avec le diable plutôt qu'un arrière-petit-enfant illégitime. Même le petit Daniel, le frérot de cinq ans son cadet, la prenait à partie pour la mettre en garde instamment contre le bras des oppresseurs bernois.

Elle en eut finalement assez de leurs cancans et amena Hans à la maison. Et là, dans la cuisine de la maison au bord de la Vendline, dans l'âtre du clan où tant des siens du côté de papa avaient grandi, dans cette vieille cuisine où tant de femmes avaient fait à manger, Hans eut les honneurs de l'hôte. La maman et la grand-mère rivalisèrent de mets, surtout qu'on apprit que le jeune homme n'avait eu pour tout dîner qu'un bout de pain et du fromage.

Depuis ce jour-là, elle put aller danser avec lui.

Elle pose le ressort, tourne la vis, contrôle le mouvement du balancier, ressort le spiral et le raccourcit d'un rien. Son travail est de qualité, elle le sait, et son patron aussi.

Ses pensées, elle peut les laisser vagabonder. Danser, oui, comme à la noce de son cousin Georges. Qui s'était marié en été, en juillet 1963, elle avait langui en vue de cette fête, car depuis des semaines, il n'y avait plus de four à goudron qui fumait dans le virage avant Damphreux, plus d'ouvriers qui sifflaient ; personne ne lui portait plus sa bicyclette, elle ne posait plus le pied sur le revêtement frais asphalté. Hans était parti, quelque part en Suisse allemande. Adeline n'avait jamais été là-bas, elle ne se représentait même pas ce monde de derrière la montagne. Ce n'était pas grave, Hans reviendrait pour la noce à Courtavon en France voisine. Il aimait les histoires de la guerre que sa mère racontait à n'en plus finir chaque fois qu'il était attablé à la cuisine avec elle. Adeline en attrapait des fourmis dans les jambes, elle gigotait sur le banc. Mais Hans semblait beaucoup s'intéresser à tout ce qui s'était passé, à ce qu'avaient vécu leurs proches de l'autre côté de la frontière. Elle soupçonnait même que c'est pour cette seule raison qu'il avait promis de venir au mariage de Georges. Ah ! la robe qu'elle portait... Sans manches, taille resserrée, jupe évasée couvrant encore les genoux, blanche à pois jaunes.

Mais tu as tout l'air de la mariée, s'était exclamée sa tante de Courtavon.

Elle étire la nuque, ferme les yeux, retrouve les sensations de cette robe sur sa peau. Légère au possible, comme si elle n'avait rien eu sur elle dans de cette nuit d'été magique et torride. Elle n'avait pas mangé, pas bu, mais elle était ivre de la musique qui vibrait dans son cœur, qui lui caressait la peau, qui la faisait danser avec Hans. Elle abandonnait sa tête au creux de son bras, et sa sueur à lui fleurait bon comme un parfum.

Mais ses chaussures lui faisaient mal, des chaussures toutes neuves.

Ses doigts continuent de travailler, prestes, exacts. Le regain d'intérêt pour les montres mécaniques lui garantit son emploi. La nostalgie du tic-tac. Ce n'est pas toujours la nouveauté qui a le plus de succès.

Les chaussures neuves de ce mariage, Adeline les avait envoyées au diable. Elle était montée en vitesse dans la chambre de ses cousines pour mettre ses vieilles sandalettes, puis avait repris un instant son souffle à la fenêtre ouverte. Les musiciens faisaient une pause, il n'y avait plus de danseurs dans la cour aux jolis lampions. Mais elle voyait leurs ombres sur le mur de la maison d'en face, des têtes agrandies et faciles à reconnaître. L'une d'elles lui était plus familière que les autres, elle lui appartenait, à elle seule : elle n'avait pas, cette ombre, à s'incliner sur une autre plus petite et à se fondre avec elle... Les yeux lui brûlèrent, plus douloureux que ses pieds, et pourtant comme hypnotisés par le jeu d'ombres qui trahissait Hans et sa cousine. Sa brûlure aux yeux augmentait, sa tête prit feu, ça flambait dans son corps, et elle sut d'un coup que son danseur, elle ne voulait pas le perdre.

C'est pourquoi elle libéra l'échappement, et le mouvement tourna sans entrave. La peur cependant ne put être évacuée. Aujourd'hui, Yvette rigolerait bien si Adeline lui en parlait. Les jeunes d'aujourd'hui n'ont plus aucune idée de ce que c'était.

Elle était restée seule avec son problème. Quand Hans venait le dimanche, ils sortaient en voiture. Chez elle, on voulait naturellement savoir où.

Ils allaient chez sa sœur mariée avec un Bernois dans le village voisin. Cela se passait encore bien à l'époque. Hans et le beau-frère parlaient bernois, *bärntütsch*, elle admirait Germaine qui comprenait déjà tout, et quand celle-ci demandait à son mari s'il désirait encore un peu de gâteau, *es bitzeli Chueche*, les deux sœurs riaient de concert.

Ils rendirent visite au grand-père des Franches-Montagnes, qui ne tarda pas à s'endormir. Alors elle emmena son Hans dans les pâturages, par murets et bosquets, elle voulait lui montrer où, gamine, elle avait cherché des morilles. En été, il n'y en avait bien sûr pas. Hans inspecta les lieux, trouva un sapin à son goût. Ses branches descendaient à même l'herbe. Ils s'assirent dessous, et il chercha sa peau, toujours plus de peau nue qu'il voulait voir. Elle se défendit, un peu, pas trop, le laissa faire, de peur qu'il ne coure à la concurrence, mais taraudée par une angoisse où surgissait le pape pointant l'index, flanqué de la grand-mère qui se tordait les mains.

Plus tard, préférant les sapins français, Hans la conduisit de l'autre côté pour leurs sorties dominicales. Adeline aurait mieux aimé danser avec lui que de se coucher dans l'herbe. Même si elle aimait sa peau si fine sur le ventre, et encore plus sur le sexe. En dansant, elle en aurait ressenti la chaleur sans risque ni crainte.

Elle savait qu'il existait de petits appareils, on en fabriquait dans un service de son entreprise, des machins qui indiquaient les jours fertiles. Le pape les admettait si on était marié. Un jour, elle a attendu devant ce département la venue d'un employé qu'elle connaissait, un homme d'un certain âge. Elle lui a dit qu'elle aimerait acheter un de ces trucs – avec le rabais d'usage -, elle en avait besoin d'urgence pour une amie qui avait quatre enfants et il n'était pas question d'un cinquième, le mari gagnait trop peu, et en plus ils avaient des dettes tous les deux...

Derrière ses lunettes et sa loupe, son « micros », elle rit de se revoir là, les joues rouges, à essayer d'embobiner le contre-maître.

Il l'avait regardée en disant à voix basse : Fais attention, petite, ça n'est pas fiable à cent pour cent.

Lisbeth flâne dans Porrentruy, de l'église Saint-Pierre au Château. Guignant par-dessus murs et barrières ou à travers le grillage des portails, elle salue les tulipes et le forsythia comme de vieilles connaissances qui lui manquaient depuis longtemps. Elle s'arrête devant un espalier et respire le parfum : des griottes ; ils en ont aussi à la maison. Adossée au mur, elle se laisse réchauffer par le soleil comme si elle avait vécu de longues années à l'ombre.

Le cours qu'elle suit la dépasse. Aujourd'hui, mercredi, on arrive à la moitié. Le matin elle y est encore allée, et à midi elle est partie en douce. La voici désobéissante, elle qui voulait toujours tout arranger pour tout le monde, maîtres, médecins, l'infirmière-chef, et plus tard pour son mari et ses fils. Elle déclare forfait.

Autour d'elle aussi, il y a un air de désobéissance, des désirs insidieux de liberté distillés par le printemps en personne. Lisbeth se sent remplie d'un bien-être interdit. D'abord elle a juste prétexté l'achat d'un petit cadeau pour sortir. Hans et elle ont rapporté de chaque voyage une surprise à leurs fils. Seule pour la première fois, elle voulait faire pareil. Mais après un coup d'œil dans les vitrines, elle a laissé tomber. Que rapporter de typique ? Un crucifix en argent, un caquelon de Bonfol, un livre, ou même un pâté ? De ce pâté des princes-évêques, elle en a entendu parler hier à table. Il semble que ce soit la meilleure spécialité que l'Ajoie puisse offrir, quasi sans graisse, farci de filet de porc, de noix de veau, de baies de genièvre, de poivre, de clous de girofle, de poireau et autres ingrédients. Plutôt que le pâté, elle emporterait bien la recette. On dit qu'elle sort tout droit de la cuisine des princes-évêques. Son regard monte vers les tours. Pour sûr, ils ont dû faire bonne chère dans leur château de contes de fées. Il paraît qu'on y recrutait les cuisiniers en France, et les musiciens en Autriche.

Quant à le visiter, il n'y a rien d'extraordinaire, pas de salle des chevaliers ou d'apparat. De la cour, on voit les fonctionnaires au travail derrière de grandes fenêtres, comme s'ils étaient dans un immeuble commercial urbain. Il s'y trouve aussi une prison, comme dans la plupart des châteaux de Suisse. Seule une vieille tour à l'écart semble être ouverte aux visiteurs.

Elle en monte l'escalier, d'abord à l'extérieur, puis dans l'obscurité de la muraille où elle bute sur les marches irrégulières et s'étonne de l'étrangeté de ses actes. Sans compter que son cours lui coûte pas mal cher. Restée trop longtemps à l'écart de la profession, elle avait trop présumé de ses possibilités. Dans les soins aux malades comme dans toute la médecine en général, les problèmes d'aujourd'hui sont différents de ceux d'autrefois. Mais c'est la langue qui lui pose le plus de problèmes. Or c'est à cause d'elle qu'elle est venue. À cause de monsieur Ackermann à vrai dire.

Personne ne s'occupait de lui. Quand Lisbeth venait au home les deux jours qu'elle se soustrayait à Hans, le vieillard était toujours assis tout seul au corridor ou dans la salle de séjour. Aucune soignante n'adressait la parole à ce vieux, elles prétextaient toutes qu'elles ne savaient pas le français. Elle-même avait pratiquement oublié le sien qui datait de l'école, mais elle s'arrêtait auprès de monsieur Ackermann en lui parlant avec les mots et les expressions qu'elle extrayait de sa mémoire. Il se sentait gratifié et se réjouissait de ses efforts. Quand elle a prié les jeunes soignantes de se donner aussi un peu de peine, elles ont dit que c'était de la pure comédie, quelqu'un qui s'appelait Ackermann comprenait à coup sûr l'allemand. Et lorsqu'un objecteur genevois est venu travailler chez eux, elle n'en a pas cru ses oreilles d'entendre le Romand et les Bernoises parler l'anglais entre eux. Elle trouvait grave de voir de jeunes Suisses recourir à une langue étrangère pour se comprendre. Du coup elle s'est résolue à rafraîchir son français. En choisissant Porrentruy, elle pensait faire d'une pierre deux coups, réactiver cette langue et parfaire ses connaissances médicales. C'était une erreur.

Le français est une langue aristocratique, elle s'en est aperçue une fois de plus. Plus une personne est cultivée, plus elle s'exprime de manière élégante et recherchée. Les médecins qui donnent le cours et en conduisent les discussions planent tous un étage au-dessus de la tête d'une simple ménagère.

Après la montée à tâtons dans l'obscurité de la tour, la faible clarté des meurtrières la rassure un peu. Des marches usées la mènent vers le dernier étage où créneaux et lucarnes dispensent leur lumière.

De là-haut, elle contemple la ville et le pays avec l'impression d'être une voyeuse, à observer les piétons, les cyclistes et les voitures comme sous un camouflage.

À proximité se dresse le puissant château. À ses pieds voisinent la ville qu'on parcourt d'un seul coup d'œil et les vaches qui paissent dans le finage. Le paysage lui semble connu et étranger à la fois : des champs et des bois comme chez elle, mais des collines moins hautes, sans arrière-plan, sans les à-pics d'une chaîne comme celle du Stockhorn. L'image sort du cadre qui lui est familier.

Adeline doit habiter de l'autre côté de la ligne de chemin de fer, dans une de ces grandes maisons du coteau. Lisbeth a noté son adresse hier, car elle est invitée chez elle vendredi pour un souper d'adieu. Jusque-là, il lui reste deux pleines journées de cours à supporter.

Elle s'assied au créneau qui donne sur le château. Juste derrière ses murailles, c'est l'orée de la forêt. Ainsi, en descendant la colline à travers bois sans se douter de rien, dans la mousse et les bosquets et se croyant loin de tout, on se trouverait soudain à deux pas du château.

Qu'est-ce que Hans vous a dit de moi ?

Lisbeth n'a vraiment pas su que répondre à cette question hier. Elle n'a aucune idée de leur amour ni de leurs adieux.

Elle ferme les yeux face au soleil piégé dans ces vieilles murailles, elle se tient immobile. Oubliés, le froid d'hier et la pluie de la nuit. Un pigeon se met à roucouler en contrebas, de cet air doux et plaintif qui accompagne tous les printemps.

Mein Vöglein mit dem Ringlein rot
Singt Leide, Leide, Leide ;

Mon petit oiseau bagué du rouge anneau
Chante douleur, douleur ;

Encore un conte de fées qu'elle a dans la tête. Il y a longtemps, elle en savait beaucoup par cœur. Ses garçons voulaient toujours entendre les mêmes. Et elle ne mettait pas de disque, non, c'eût été une solution de facilité. Elle ne les lisait pas non plus, ils n'auraient pas compris le langage de Grimm. Elle avait d'abord lu les contes pour elle-même et les avait traduits en une belle version bernoise, puis, le cadet sur les genoux et caressant l'aîné dans les cheveux, elle disait *Es isch emau es Meiteli gsi imene rote Chäppli*, Il était une fois une petite fille au chaperon rouge. Ou alors il s'agissait de chèvres et d'un loup, ou d'un château...

« Il était une fois un vieux château au cœur d'une forêt vaste et profonde. Une vieille femme, tout seule, y habitait. C'était la reine des sorcières. À cent pas du château, tout passant se trouvait figé sur place et il ne pouvait repartir que si la sorcière le voulait bien. Mais lorsqu'une chaste jeune fille entrait dans ce cercle maudit, elle la transformait en oiseau, l'enfermait dans une cage et portait la cage dans l'une des chambres du château. Elle en avait bien sept mille déjà remplies de ces oiseaux rares. Or donc, il était une fois une jeune fille nommée Jorinde. Elle était la plus belle de toutes les filles. Et il y avait un beau jeune homme dont le nom était Joringel. Elle lui avait promis sa main. Ils étaient fiancés et heureux d'être ensemble. Pour pouvoir se parler tranquillement, ils allèrent un jour se promener dans la forêt.

Garde-toi de t'approcher trop près du château, dit Joringel. La soirée était belle ; le soleil brillait encore entre les troncs des arbres, mettant des taches de lumière sur le vert sombre de la forêt. Et la tourterelle roucoulait plaintivement dans les branches. Alors, tous deux se sentirent devenir tristes. Jorinde pleura, s'assit au milieu d'un rond de soleil et gémit; Joringel gémit également. Ils se sentaient abattus comme s'ils allaient mourir. Ils regardèrent autour d'eux, ne s'y retrouvèrent pas; ils ne savaient plus de quel côté se trouvait leur maison. Le disque du soleil avait déjà disparu à moitié par-delà la montagne. C'est alors que Joringel vit à travers les fourrés les vieux murs du château. Il eut peur et devint pâle comme un mort. Jorinde chantait:

Mein Vöglein mit dem Ringlein rot
Singt Leide, Leide, Leide;
Es singt dem Täubelein seinen Tod,
Singt Leide, – ziküth, ziküth, ziküth.

Mon petit oiseau bagué du rouge anneau
Chante douleur, douleur;
Il chante sa mort au tourtereau,
Chante douleur, doul... tsitt, tsitt, tsitt. »

C'en était fini entre Jorinde et son Joringel. Un maléfice s'était glissé entre eux. Autrefois, les conteurs avaient coutume de représenter le mal sous l'apparence d'une sorcière, ce que personne ne se risquerait plus à faire aujourd'hui. Or cette sorcière favorisait les garçons et laissa s'évader Joringel, qui partit garder les moutons dans un pâturage lointain.

Mais le Joringel qui préoccupe Lisbeth n'avait manifestement pas trouvé la fleur qui l'eût aidé à libérer Jorinde de sa cage.

Malgré le soleil, Lisbeth frissonne un peu, la spectatrice. Sous sa cape d'invisibilité, elle se figure plus de choses qu'il ne lui plaît, et se ressaisit. Quoi donc: seule et libre par une chaude journée de printemps, elle s'empresse de fabuler sans raison réelle...

Mais son mari qu'elle croyait connaître par cœur, voilà que – comme le paysage – il ne colle plus tout à fait à son cadre familier.

Hans ferme les bureaux du premier étage, puis la porte du rez-de-chaussée ; dehors, il s'arrête au Stalden[30]. Devant lui, le plus vieux clocher de la ville s'élance dans un bleu de velours et de folie, chargé de désirs et de promesses, juste avant la flambée des néons. Il hume le printemps et ferait bien un saut périlleux, marcherait sur les mains d'un toit à l'autre ou s'envolerait bien au loin, le temps que s'allument les réverbères et qu'il redevienne le bon bourgeois qu'il est, chef d'entreprise et membre du comité du *Männerchor*, le chœur d'hommes qui doit répéter ce soir comme tous les mercredis.

Il a faim, il est en retard à cause de cette histoire de rideaux. Selon Lisbeth, les anciens ne s'accordaient plus avec les nouvelles fenêtres. Elle est donc allée choisir et commander un tissu, pour disparaître au moment précis où la marchandise allait être livrée. Et quelqu'un doit bien être là au moment du montage. Les secrétaires ne l'auraient pas fait, elles n'attendent pas cinq heures pour sortir leur miroir et leur peigne ; quant aux dessinateurs, ce n'était pas de leur compétence, ni de celle des ingénieurs, encore moins de l'apprenti ; restait le chef pour contrôler la longueur, la largeur, les plis et que sais-je encore, avant le coup de fusil de la facture. On verra si l'assurance la paie aussi. Pour les fenêtres, il n'y a pas eu de problème, après que les médias avaient largement parlé de l'explosion. Lui-même avait entendu la détonation dans son lit, s'était étonné qu'il y ait un orage nocturne en janvier et, le matin venu, avait vu ce qui s'était passé non loin de son bureau. Un poseur de bombe et de malheur avait été déchiqueté dans sa voiture par son propre engin[31]. Encore un sale coup des Jurassiens après qu'on s'était réjoui du calme revenu. Manifestement destiné à l'Hôtel de ville. Bande de terroristes. La police avait bouclé le Stalden, son bureau n'avait plus de fenêtres, le sol était jonché de débris de verres qui blessaient la vue dans la lumière du matin.

Hans va se trouver un bistro, manger seul à la maison ne lui fait pas envie. Lisbeth sait qu'il a sa répétition, elle n'appellera pas.

Mais pourquoi ne donne-t-elle aucun signe de vie ? Elle est partie toute une semaine, pour la première fois, et n'a encore jamais demandé de ses nouvelles. Lui qui se débat seul à la cuisine avec une montagne de vaisselle. Ah ! cette fichue manie d'économiser l'énergie ! Sa Lisbeth l'a joliment eu, de refuser l'achat d'un petit lave-vaisselle qui consommerait un petit millionième de tous les kilowattheures dévorés par son chantier de la gare souterraine, où aucune Cassandre ne s'alarme de rien. Il remonte le Stalden en flânant, prend la rue de la Justice où il se décide pour un restaurant connu. Il n'est pas un pilier de bistro, préférant rentrer le soir tant que le couvert est correct, ce qui a toujours été le cas jusqu'à présent. D'accord, il y aurait même encore des en-cas préparés au frigo. Mais la cuisine est trop encombrée pour qu'il ait envie de se réchauffer quelque chose.

Il s'assied dans un coin, regarde la carte, cherche les poissons, qu'il n'a jamais à la maison ; l'eau déjà à la bouche, se décide pour une truite.

On n'en a malheureusement plus, dit la serveuse. Que des féras.

Elles lui conviennent aussi, il n'est pas un client compliqué ni un connaisseur, il ne saurait guère distinguer les poissons au goût. Et de toute façon, ils n'auront pas la saveur qu'ils avaient en Ajoie. C'était quoi déjà, ce que le père d'Adeline pêchait juste devant la maison, des truites ou des féras ?

Cela fait près de trente ans qu'il n'a plus repensé à ces poissons frits, croquants et copieusement servis. La nuit passée, tout lui est revenu, la grande cuisine avec le banc d'angle et la table, la maison de pierre blanche aux volets bruns, les pâturages devant et ce ruisseau, comment s'appelait-il déjà, il serpentait dans le vallon, le ciel et les nuages s'y reflétaient et, la nuit, une demi-lune. Ce n'était pas la Sorne, l'Allaine non plus...

Il va chercher l'un des journaux suspendus à la patère – les potins d'hier – il y jette quand même un coup d'œil, incapable de rester seul à une table sans rien faire.

C'était un père bizarre, il parlait toujours avec les autres, jamais avec lui, ou alors si vite que Hans ne comprenait rien et se sentait largué à chaque éclat de rire. Mais il ne l'a pas vu souvent. Après la pêche, le dimanche, il se retirait dans son atelier à bricoler, à essayer des combines. C'était un inventeur, avait dit la petite. Mais que faisait-il la semaine ? Allait-il aussi à la fabrique d'horlogerie ? Ce qui était sûr, c'est qu'il faisait aussi un peu le paysan, il élevait des cochons et des moutons, mais peut-être qu'ils appartenaient au frère d'Adeline. Un filou, celui-là, un enfant gâté, Hans se souvient de lui avec précision, il pouvait avoir dix-sept ou dix-huit ans et un sacré culot avec ça.

Elle n'est pas là, qu'il lui avait dit un jour en guise d'accueil, elle est en vacances en Afrique.

Une autre fois, condescendant et feignant le sérieux : Elle s'est mariée hier ; et Hans, bien plus âgé pourtant, était tombé dans le panneau.

Assis dans leur grande cuisine, timide, il écoutait la mère qui aimait raconter des histoires. Adeline, il osait à peine la regarder du coin de l'œil pour ne pas trahir ses pensées, sa soif de l'effeuiller de ses vêtements, de la voir nue, de la peloter et de s'enfouir en elle. Une envie inextinguible, aussitôt après le départ cela se remettait à brûler dans tout son corps. La semaine durant, à son travail, il ne pensait à rien d'autre qu'à cela, au dimanche où il foncerait par Pierre Pertuis au volant de sa VW d'occasion, couperait les virages aux Rangiers et arriverait enfin dans cette lointaine plaine d'Ajoie. La maison aux volets bruns était plus blanche, le ruisseau, non endigué, plus joyeux que tout autre et plus surprenant, à changer de cours et de couleur. Ils avaient juste construit un muret de pierres sèches au fond du jardin. De cette maison il ne connaissait que la cuisine. Adeline ne lui a jamais montré sa chambre, peut-être n'en avait-elle point et dormait-elle avec la grand-mère, qui sait. D'elle aussi Hans se souvient. Les femmes étaient chouettes, il les aimait bien. Il y avait aussi une sœur mariée pas loin de là. S'il ne se trompe pas, elle devait être mariée à un paysan bernois. À table on y parlait le bernois, et il avait trouvé touchant de voir quelle peine se donnait la sœur d'Adeline pour articuler ces lourdes syllabes de sa bouche délicate, comme un petit oiseau qui picorerait dans un gros fromage.

On lui sert son assiette de féra ; il lève les yeux et jette dans l'auberge des regards aussi timides que jadis dans leur cuisine, craignant qu'on puisse le reconnaître, chose pas du tout impossible dans sa ville.

Le poisson n'a aucun goût. Rien de cette fête des papilles qui corse son souvenir. Même Lisbeth aurait cuisiné mieux que ça. C'est une ménagère exemplaire. Chapeau ! Il y pense toujours au restaurant, mais sans le lui dire. Il n'a jamais fait de compliments à sa femme. N'empêche qu'il aurait bien aimé savoir comment elle passe cette soirée. Ils n'ont donc pas le téléphone à Porrentruy, nulle part ?

Cela fait si longtemps qu'il n'a plus été là-bas, la moitié d'une vie. La ville se sera certainement développée, et la campagne un peu modernisée. À l'époque, les routes étaient mauvaises, à peine carrossables, surtout celles qui montent aux Franches-Montagnes. Et la pensée de rester coincé quelque part et de devoir, en tant que Bernois, chercher du secours chez de quelconques Béliers lui donnait chaque fois mal au ventre. Le pire était la route de Soubey. Adeline avait voulu lui montrer les lieux où elle était née et avait passé ses premières années.

Le 19 juin 1940.

Étonnant de voir une date ressurgir soudain des replis de son cerveau. Bien sûr, la mère avait souvent parlé de cet accouchement. L'enfant était à peine née qu'elle avait entendu le martèlement des souliers, des milliers et des milliers de souliers; c'était un mercredi, une journée très chaude, les chevaux avaient henni, beaucoup de chevaux, des hordes, et les lourdes voitures avaient passé dans un tintamarre furieux.

D'un coup lui revient tout ce que la mère d'Adeline avait raconté de cette journée, le passage des Français vaincus, deux longues colonnes, une le long du Doubs et l'autre depuis le haut, des soldats fatigués, des Nord-Africains enturbannés, même des femmes, des enfants et des vieux, tous en fuite devant l'armée de Hitler, et les Polonais arrivés les derniers, ils avaient dû protéger la colonne des réfugiés contre l'ennemi. Elle avait parlé des soldats polonais avec un grand respect. Dans leur fuite devant les Allemands à travers la Hongrie, la Yougoslavie et l'Italie, ils s'étaient portés en hâte au secours des Français et, au soir du 19 juin 1940, en arrivant à Soubey, étaient tombés à genoux devant la croix de pierre. Son cœur de pieuse catholique avait été profondément touché par ces Polonais[32].

Il avait eu du plaisir à l'écouter. Elle était pour sûr encore jeune alors, plus jeune que lui aujourd'hui. Et le récit de l'accouchement lui rendait la petite encore plus séduisante. Sauf qu'il craignait à chaque fois que la mère ne songe à poursuivre son récit quand il lui tardait de filer avec sa fille. Plutôt que dans les Franches-Montagnes, il préférait l'emmener de l'autre côté de la frontière. Il s'y sentait mieux. Et Adeline était si douce et portait des habits si légers. Il en salive encore sur la fadeur de son poisson, se rince la gorge avec du Saint-Saphorin, lève les yeux. Mince! Voilà qu'arrive un gars du *Männerchor* qui chante la basse avec lui. Salut, Hans, tu es seul ? Où as-tu laissé ta Lisbeth ?

Elle est dans le Jura.

Bon sang ! Elle va les remercier de leur dernier exploit ? Ton bureau n'y a certainement pas échappé non plus.

Les fenêtres, ce n'étaient heureusement que les fenêtres…

Hans n'a aucune envie de parler politique en ce moment – pas ici, pas avec Alfred, l'architecte qui lui a déjà obtenu plus d'un mandat et dont il prend soin comme d'une vache à lait précieuse – et pose la question appropriée :

Fred, qu'est-ce que tu bois ?

JEUDI

Adeline se verse encore un café tandis que les cloches de Saint-Pierre sonnent la première messe. Par la fenêtre, elle regarde tomber la pluie et se sent bien à l'abri dans sa cuisine. Pour l'heure, personne n'attend rien d'elle, elle peut encore prendre son temps comme le jour qui point. Tantôt les rouages la mobiliseront ; d'ici là, elle profite encore de ces ultimes cocons que sont le café et les cloches de l'église.

Mais la sonnerie n'est pas complète ce matin. Elle réfléchit à ce qui manque, pose sa tasse, va au salon. Mince, la pendule s'est arrêtée. Faut-il que ça arrive à une régleuse ! Elle l'a pourtant toujours remontée à temps ; tous les matins, les six coups argentés s'égrenaient pendant la sonnerie de la messe.

Elle se remémore brièvement le plan de la journée : comme d'habitude, le travail jusqu'à cinq heures moins le quart, puis chercher sa mère pour la conduire à confesse et retour ; cela peut bien durer deux heures, voire plus, pour peu qu'elle s'attarde à bavarder chez son frère et sa belle-sœur ; puis nettoyer, repasser, réfléchir à ce qu'elle fera à manger demain ; une fois de plus, elle s'est chargée d'un travail supplémentaire, c'est toujours la même chose, et à cette Lisbeth, elle ne va quand même pas montrer une pendule neuchâteloise en panne.

Il s'agit de la remettre à l'heure tout de suite.

Elle monte sur le tabouret, tourne la vis, attend patiemment que le mécanisme ait rattrapé toutes les sonneries perdues, et le souvenir de son grand-père lui revient : Que de fois, en vieillissant, avait-il oublié de la remonter, cette pendule.

En suis-je arrivée là, moi aussi ?

Grand-papa, je ne suis pas vieille tout de même, je conduis ta fille à confesse. Il paraît que jadis tu l'avais mise en garde contre les rouges : n'aie crainte, elle est toujours très croyante. Je pense que tu avais peur de mon père et de son clan. Tu savais que les Ajoulots sont toujours plus vifs et moins sérieux que vous autres dans les Franches-Montagnes. Mais pas pour la religion, pas dans notre maison, la grand-mère y veillait.

Plus tard, tu m'as aussi mise en garde, si, si, grand-papa, c'est ce que tu as fait en reparlant de ton baptême. L'histoire, je la connaissais depuis longtemps, celle des Bernois qui ont fermé votre église, chassé les curés puis envoyé l'armée, et fait venir d'ailleurs une bande de prêtres nouvelle mode. Tu me l'as racontée chaque fois que j'étais chez toi dans les Franches-Montagnes, et je me réjouissais toujours de ce moment crucial où le prêtre étranger, un Français, aurait dû s'annoncer au Bureau communal et ne l'a pas fait, même après bien des rappels. Au lieu de cela, il a écrit au secrétaire cette fameuse lettre qui contenait un seul mot. Tu fronçais les sourcils, tripotais tes moustaches, et moi j'attendais impatiemment que tombe ce seul mot que contenait la lettre, « merde ».

Et le curé évincé, l'abbé Beuret, avait échappé à la police en parcourant la région à pied dans la blouse d'un marchand de chevaux. Malgré l'interdiction de Berne, il allait célébrer la messe en cachette chez des particuliers. Il apportait les Saints Sacrements aux mourants et toi, il t'a baptisé secrètement dans la grange. Je sais encore quand, tu m'en as souvent rappelé la date, le 4 avril 1874.

Tu l'as vénéré, l'abbé Beuret, grand-père. Que n'as-tu pas raconté à son sujet, cet homme courageux des Franches-Montagnes. C'était l'un des vôtres, il vous était proche. La plupart des prêtres étrangers que Berne vous imposait gardaient au contraire leurs distances. Tu vois, je me souviens de tout.

J'ai demandé un jour à Hans ce qu'on pensait à Berne de l'abbé Beuret, mais il ne connaissait pas ce nom. Des années plus tard, l'école de Jean-François était en effervescence. On disait que le gouvernement bernois avait tenté d'imposer des enseignants protestants, et les gens informés ont parlé d'un second Kulturkampf[33]. Mais tu étais déjà mort.

De ton vivant, tu m'as prévenu contre l'amour d'un Bernois, mais tu l'aimais bien, Hans, et tu l'as aidé, je t'en saurai toujours gré. C'était à la Saint-Martin, je l'avais invité pour samedi déjà, je brûlais d'impatience. Papa et Daniel étaient encore dehors à bouchoyer, et Hans, ce lambin, ne s'était pas écarté assez vite quand Daniel a porté un baquet d'eau bouillante vers le cochon. Je n'y étais pas, je n'y étais jamais quand le porc hurlait sa peur de mourir. Je m'étais cachée, n'étais revenue qu'une fois le silence revenu. Et j'ai vu mon chéri qui se tordait de douleur au corridor. J'ai vu la main rouge, la manche mouillée, et me suis mise à crier qu'on téléphone à grand-papa, il sait guérir les brûlures, et j'ai empoigné le combiné. Mais Hans ne voulait pas, à aucun prix, il s'est fâché et m'a grondée. J'ai alors couru chez le voisin et t'ai appelé depuis là. Tu as aidé, tu as fait le « secret », tu n'as pas dit: Pour un Bernois, je ne le fais pas. À peine t'avais-je appelé que Hans allait mieux, et le soir au souper, il était de nouveau tout joyeux. Il devait dormir à La Couronne. Chez nous, ce n'était évidemment pas possible. Le dimanche, il a dansé comme si de rien n'était. Il posait son bras bandé sur mon épaule, je le soutenais au lieu de me laisser conduire, et je l'en aimais d'autant plus, malade et blessé.

Il ne s'est douté en rien de ton intercession, ne t'a donc pas remercié. Tu aurais pu devenir riche, mais tu n'as jamais rien demandé pour ce don de Dieu car, disais-tu, il perdrait son effet si on le monnayait. Comme dans les contes.

Aujourd'hui, quand je parle à Jean-François de ton pouvoir de guérisseur, il se moque de moi : Maman, nous ne sommes plus au Moyen Âge, tout de même. Je peux seulement répondre : J'y étais. Je sais aussi comment tu avais reçu le « secret ». C'est ta tante qui te l'avait transmis en te confiant le grimoire, ce cahier noir avec lequel on peut susciter le bien et le mal. Tu ne t'en es servi que pour le bien. Tu as guéri et exorcisé comme d'autres prient. Tu étais un homme foncièrement croyant et bon, tu n'as jeté de mauvais sort à personne ; mais tu m'as mise en garde contre un Bernois. Il me ferait perdre ma religion, avais-tu dit.

Rien de tel ne s'est passé, grand-papa. Ta petite-fille a perdu sa religion d'elle-même.

Mais tu dois le savoir, ça. Au ciel, on m'aura dénoncée depuis longtemps auprès de toi.

Adeline a gentiment fait rattraper la nuit à la pendule ; avec un peu d'impatience, elle la laisse encore sonner les six heures du matin, le quart et les deux coups de la demie, puis descend du tabouret en hâte.

Un regard à la ronde – fenêtre fermée, le robinet du gaz aussi –, un coup d'œil dans le miroir – le visage encore froissé –, elle ne s'en formalise pas.

À la porte de la maison, elle redresse la tête, respire à fond, et se laisse rafraîchir par la pluie.

Hans arrête son Audi devant la baraque du chef de chantier. Il ouvre le hayon et sort ses bottes. Tout en changeant de chaussures, il avise au-dessus du pierrier comme une paire de narines, l'entrée des deux tunnels qu'il a conçus et qui sont en voie de réalisation là-haut. Ce chef de chantier est un homme compétent, Hans pourrait le laisser faire. Mais une visite de chantier est comme un jour de congé qu'il s'accorde de temps à autre. Et il pourrait ensuite faire un crochet par Porrentruy pour voir ce qui s'y passe et savoir pourquoi Lisbeth ne téléphone pas. Il pleuvait à Berne ce matin, et ici, il y a même des petits flocons qui tourbillonnent dans l'air. En se dirigeant vers l'entrée, il lit fièrement l'inscription de la banderole :
A16 TRANSJURANE.
Son entreprise est certes de taille modeste, mais dans le projet de route nationale à travers le Jura, il a obtenu sa part.

Son arrivée n'a pas échappé au chef de chantier. Il sort à sa rencontre avec casques et lampes de mineurs.
Bonjour, Hans, tu veux monter tout de suite ?
Hans fait signe de la tête, coiffe le casque un peu trop petit pour lui, empoigne la lampe et monte dans le pierrier. Dans la bourrasque de neige, il observe les débris de roche, la matière minérale extraite de la montagne et réduite en caillasse. Il aime ce monde. Le bruit des concasseurs exclut l'autre réalité, celle des salles de réunion avec leurs rouleaux de plans, leurs gobelets de café tiède et les discussions lassantes autour de tables ripolinées.
Il examine le sable entassé à hauteur d'homme, en prend une poignée, le laisse couler entre les doigts. Bien sûr qu'il en perçoit la qualité au premier coup d'œil, il voit si c'est du 0,8 ou du plus fin, mais il a besoin de le palper, de même pour le gravier et le béton. Cette envie de toucher du minéral remonte à sa prime jeunesse. En grimpant dans la roche, il savait à l'aveugle ce qu'il avait sous la paume : du gneiss, du granit ou du calcaire, comme ici.

Ses compagnons de varappe lui avaient demandé comment, ami de la nature, il parvenait à participer à la construction d'une autoroute. Que voulez-vous, si ce n'est pas moi, c'est un autre qui construira. Et le peuple en a décidé ainsi, il n'y a plus rien à changer.

En haut, entre les deux entrées de tunnels, se dresse une petite statue. À ses pieds brûle une lampe de mineur.

On continue donc à l'invoquer, celle-là? Quand il était jeune et qu'il n'y avait autour de lui que des Italiens sur les chantiers, ceux-ci plaçaient une sainte Barbe devant le moindre tunnel. À l'époque, on disait encore : Apprends l'italien et le bâtiment va.

Ici aussi le chantier avance, surtout dans le tube de droite. Hans entre d'un pas énergique dans le couloir faiblement éclairé. C'est ainsi qu'il s'imaginait le métier à l'époque, marcher dans des cavernes, escalader des barrages entre des sommets solitaires. Au lieu de cela, il est tous les jours au bureau.

La voûte est terminée ici, du bon béton, il le remarque tout de suite, rien de bâclé, aucun nid de gravier. Il ne dit rien au chef de chantier, car un bolide fond sur eux, un dingue dans une voiture de service sans immatriculation qui remplit le tunnel d'un boucan d'enfer. Ils relèvent leurs lampes, le chauffard ralentit, salue. Hans rit de sentir chez ce jeune le plaisir de foncer comme un beau diable, sans aucune consigne de circulation.

Après cinq cents mètres apparaît la grotte de concrétions calcaires que personne n'avait prévue, avec les problèmes liés à la nappe phréatique. Mais le drainage est parfait, il le savait, sa visite n'était pas vraiment nécessaire.

Au milieu du tunnel, ils tombent sur la première équipe. Quatre hommes revêtent la voûte d'une feuille en matière synthétique. Fantastique : il y a dix ans, on ne connaissait pas encore ce type d'isolation, et les parois étaient toujours humides. Hans fait un signe de satisfaction aux ouvriers, c'est du bon boulot.

Comment tu leur parles? demande-t-il au chef.

Les maçons savent un peu d'allemand, les charpentiers un peu de français. Tous des ex-Yougoslaves.

Des Italiens, il n'y en a plus?

Un seul, le noiraud frisé là-bas. Mets le casque, lui crie-t-il.

Le jeune homme obéit avec nonchalance avant de fixer une nouvelle bande synthétique sur le pan de rocher revêtu de feutre.

Avant la sortie, ils rejoignent l'aléseuse, qui a buté contre la voûte. Le contremaître lève les bras au ciel et interpelle le chef. Hans les laisse discuter et sort au grand jour, curieux. La tempête de neige s'est apaisée, la vue est dégagée. Et il éprouve à nouveau ce sentiment extraordinaire, cette sensation des sommets qui l'avait si souvent enivré au terme d'une ascension.

Ce tunnel, c'est lui qui l'a conçu. Et voici que l'un des premiers, il contemple à ses pieds la vallée désenclavée et, en face, la prochaine chaîne de montagne. À l'avenir, les automobilistes ne s'arrêteront plus ici, ils se contenteront de suivre la file en bâillant, dans l'attente de doubler. Encore quelques années jusqu'à la fin des travaux, et le Jura aura ce qu'il désirait, sa connexion au réseau des routes nationales.

C'est là-bas que passe la frontière cantonale entre Berne et le Jura, et derrière s'élèvent les Franches-Montagnes avec le site de la place d'armes prévue jadis, mais jamais réalisée. Les héros jurassiens s'en sont chargés, tous des objecteurs de conscience. Ils ont incendié une ferme après l'autre, c'était le début de l'épreuve de force. À coups de vandalisme et de terrorisme. Ils ont détruit des monuments, fait irruption au Conseil national, badigeonné partout leur écusson, le nouveau, celui qu'ils ont bricolé avec un bâton d'évêque et quelques rubans.

À peine la séparation avait-elle eu lieu que l'on a réclamé cette connexion autoroutière. C'est vrai que le réseau routier était mauvais et qu'il l'est toujours. S'il voulait rendre visite à Lisbeth à présent, il devrait franchir quatre plissements de montagne, ou alors emprunter l'itinéraire qu'il avait pris si souvent, par des villages amis ou ennemis, allez savoir, toujours soulagé de ne pas être réduit à changer de roue ni à faire le plein. À vomir.

Surtout cet affreux dimanche soir-là. Soudain la police sur la route. Il s'étonne, s'arrête, et déjà on l'arrache de son siège, un des gendarmes se précipite dans la voiture, déchire le tapis de sol et le revêtement des sièges, fouille dans le hayon et dans le sac de voyage tandis que l'autre l'immobilise au bord de la chaussée comme un criminel. L'endroit devrait être visible d'ici.

Hans fait quelques pas en avant, cherche du regard le cours de l'ancienne route sur le flanc gauche, avise le virage qui prend vers le fond du vallon, lance un crachat. C'est là que cela a dû se passer.

Le policier lui avait violemment plaqué les mains au dos, c'était affreusement douloureux surtout avec ces brûlures toutes fraîches de la veille ; il avait un épais pansement qui avait contribué à le rendre suspect, mais on ne l'a su que plus tard. C'était la première fois qu'il avait affaire à la police bernoise. Leur façon de le traiter, lui – ingénieur diplômé, officier, fils du professeur Bähler – l'atteignait de plein fouet, il en restait interdit. Ils ont enfin sorti ses papiers et se sont mis à l'interroger. Son dialecte bernois paraissait le disculper, ils sont devenus plus corrects, mais lui ont reproché de les avoir nargués. Ils parlaient d'un écusson, mais Hans ne comprenait pas, jusqu'à ce qu'ils lui montrent le pare-choc avant de sa VW. Alors il a vu de ses propres yeux. À côté de son numéro d'immatriculation brillaient les armoiries, crosse et barres. On s'était foutu de lui en Ajoie. Quelqu'un avait dû lui coller ce nouvel écusson jurassien par-dessus le bernois. Nul doute, cela ne pouvait être que lui, celui qui la veille lui avait ébouillanté le bras. Il s'était certes excusé, avait dit regretter. Croira qui voudra.

Nouveau crachat. Plus répugnant encore, le souvenir du lendemain matin. Son chef le fait venir et lui annonce sans ambages que dans le bureau on est au courant de ses allées et venues dans le Jura, qu'elles sont peut-être de nature privée, qu'il ne se mêlera pas de cela, mais qu'il tient juste à rappeler que le temps de la gentille petite Gilberte est révolu et que les petites Jurassiennes d'aujourd'hui sont des agitatrices en puissance ; mais encore une fois, cela ne le regardait pas. Ce qu'en revanche il n'admettait pas – et maintenant il allait appeler un chat un chat –, c'était de manifester publiquement sa sympathie pour le Jura. Lui, Bähler, devait pourtant savoir qui était leur maître d'œuvre principal. Le Canton avant tout, et sur ce plan-là il s'agissait de se comporter avec une loyauté absolue. Sans mandats du canton, ils pouvaient plier bagages. Le patron s'était levé et l'avait fait descendre au garage en lui enjoignant de faire disparaître immédiatement de sa voiture les emblèmes suspects.

Troisième crachat. Offensé, il avait fait le tour de sa voiture, et trouvé d'autres écussons jurassiens collés sur le pare-choc arrière. Il ne les avait pas remarqués dimanche soir, ni le lendemain matin, encore mal réveillé en partant au bureau. Il gratta sa VW en grinçant des dents. Sa colère désormais n'allait plus à son patron, ni à la police. Il la dirigeait contre tous ceux qui l'avaient mis dans ce pétrin. Et l'hiver suivant, « ils » avaient frappé plus dur encore, avec plus de précision, faisant même sauter une voie de chemin de fer[34]. Il n'est plus jamais allé là-bas. Et à vrai dire, il n'en a pas envie aujourd'hui non plus. Pourquoi faire ? Peut-être que Lisbeth rentrera déjà demain.

Il entend des pas sur le gravier, le chef le rejoint. Finie l'ivresse des sommets, retour au ras de la réalité, l'inspection du second tunnel.

Ici règne la nuit, les travaux sont bloqués à cause de la marne. On le lui a signalé au bureau, il faut racler la couche de fond.

Le sol vibre sous leurs pas bien avant que n'émergent de l'obscurité les feux de l'excavatrice qui remplit tout le tube. Ils agitent leurs lampes, le colosse s'arrête. Du haut de sa cabine, le machiniste les regarde d'un air triste.

Encore un Yougo lui aussi, dit le chef, mais il ne parle pas encore ; ni l'allemand, ni le français.

Hans a soudain pitié de ce gars qui conduit ce mastodonte. À quoi peut-il bien penser dans ce tunnel, huit heures de nuit durant ? À leur guerre avec ses destructions, à une femme, à un village perdu qui lui était cher ?

Adeline s'impatiente en attendant devant la maison. Sa mère n'est pas prête, et pourtant elle avait toute la journée pour se préparer. Viens donc m'attendre à la cuisine, lui conseille-t-elle.

Mais Adeline reste dehors malgré la pluie, elle fait le tour de la maison. Le jardin vient d'être fait. Daniel avait retourné les plates-bandes en automne. Il travaille bien, et Marthe aussi. La pompe à essence, le magasin et trois enfants en âge de scolarité, ma foi, ça donne à faire. Contre la maison, Daniel a installé des serres en bois. Il y pousse du cresson qu'on pourrait déjà couper ; elle lui en demandera une poignée. Au bord du ruisseau brillent les jonquilles comme dans son enfance. Que de fois elle s'est accroupie là à observer le clapotis des vaguelettes en chantant :

« Vendline, coule vers Réchésy,

Va saluer tante Eugénie ! »

Plus tard elles y sont allées elles-mêmes, la Germaine et elle, avec le petit Daniel sur le porte-bagages. Un quart d'heure de vélo et on était en France. Pour aller chez l'autre tante à Courtavon, c'était plus long, il y avait une forêt à traverser, et les enfants n'avaient pas le droit d'y aller seuls.

Le poirier en espalier est en fleurs, Adeline craint que ce ne soit trop tôt, car elle frissonne sous la pluie. Daniel vient de repeindre les volets. En brun comme elle les aime. Elle guigne par la fenêtre de son atelier : Dieu sait ce qu'il y bricole encore. Un dispositif pour la voiture solaire, il paraît. Sa mère a été fière de lui dernièrement, quand il a pu livrer son invention à Bienne, à l'École d'ingénieurs.

Là voici enfin, chapeau et manteau du dimanche, comme si elle allait à une fête.

Adeline l'aide à monter et la conduit à Bonfol, dans la grande église. Sa mère n'attend pas la semaine sainte pour accomplir ce rite passé de mode qu'est la confession individuelle. Toujours nerveuse à cette approche, elle se tripote les doigts sur son siège de passagère comme une mouche à l'agonie se frotte les pattes. Inutile de vouloir lui parler. Sur le parvis de l'église, elle s'extrait de la voiture en regardant Adeline.

Tu viens aussi ?

Chaque fois elle pose la même question, pleine d'espoir – pauvre maman – elle devrait pourtant finir par savoir que c'est peine perdue.

Pendant que sa mère est à confesse, Adeline a pris l'habitude de faire des visites.

Elle n'a plus jamais pensé à Marguerite, mais la semaine passée, son souvenir lui est revenu avec celui de Hans. Le temps de sa jeunesse. Et la Marguerite de la maison voisine en faisait partie, elle avait aussi dansé au mariage de Courtavon, elle était de toutes les sorties, y compris de cette dernière, à la Saint-Martin, où elles avaient encore dansé. Plus tard elles se sont perdues de vue.

Adeline ouvre son parapluie, passe devant l'auberge des Trois Rois, trouve la maison décrite par sa mère. Elle avance à tâtons dans l'obscurité du corridor et frappe à la porte de la cuisine. Une femme bien en chair la fait entrer d'autorité, la toise d'un coup d'œil, l'embrasse.

Toi ici ?

J'ai conduit maman à l'église, elle se confesse.

C'est ce que tu devrais faire, toi aussi, dit-elle en riant.

Pas moi, je ne fais plus partie de ce club.

Marguerite la contemple d'un air effrayé : Tu vas m'expliquer ça au salon, viens, dit-elle en la précédant dans l'escalier qui descend au rez-de-chaussée

Adeline s'imprègne immédiatement de l'atmosphère de la pièce. Pas avec les yeux, ils ne sont pas fiables, après le travail ils errent comme deux prisonniers tout juste relaxés. Est-ce le nez, est-ce la peau qui lui dit : Ici on rit, on chante, on se chamaille. Ici on ne se balance pas toute seule dans le noir au son d'une musique en boîte. Elle avait toujours eu du monde autour d'elle, la Marguerite. Au cas où ses enfants seraient déjà partis – combien en avait-elle, deux, trois ? –, d'autres gens lui tiendraient compagnie, ces coussins usés en témoignent. Adeline aussi est invitée à s'y asseoir, pour s'expliquer sur la remarque qui vient de lui échapper.

Oh, une vieille affaire, c'est vite raconté.

Comme Marguerite, dit-elle, et comme tous les gens du village, elle avait toujours été une bonne catholique. Après son mariage aussi, et même après son divorce, demandé par elle, c'est elle qui fut la plaignante. Et elle n'avait pas envoyé dire au juge ce qu'elle pensait de lui, qui avait imposé si peu d'obligations à son mari. Depuis lors, elle était retournée en fabrique trimer jour après jour, et le soir, cela continuait à la maison, cuisine, lessive, Marguerite savait bien. Dans sa fatigue, elle se fâchait parfois contre les enfants. Mais c'étaient de bons enfants, ils ne rechignaient pas à l'aider. Le repas était souvent déjà prêt sur la table quand elle rentrait. Elle contrôlait leurs devoirs, leur faisait réciter le catéchisme en se donnant beaucoup de peine, et tout cela était bien allé, jusqu'à la Résurrection.

« Qu'est-ce que Jésus a fait le troisième jour après sa mort ?

Le troisième jour après sa mort, Jésus a de nouveau réuni son âme à son corps et est ressuscité du tombeau dans la gloire. »

À ce passage, Jean-François s'était rebiffé.

Mais maman, un mort, maman, comment il est sorti de sa tombe?

Elle avait cherché une réponse et n'en avait pas trouvé.

Jean-François avait insisté, et elle avait fini par lui dire: Demande donc au curé, je ne sais pas.

Le lendemain, les enfants étaient rentrés du catéchisme bouleversés par le commentaire du curé. Il avait dit qu'une femme divorcée savait bien sûr peu de choses en matière de foi.

Cela avait suffi, elle avait été blessée et lui avait fait savoir qu'elle sortait de l'église.

Il était alors venu la voir, pensant qu'elle était dans le besoin et qu'elle reviendrait sur sa décision s'il l'aidait financièrement.

Tu vois, je n'ai pas fait marche arrière.

Dommage, dit Marguerite. L'Église a compris certaines choses depuis. Les femmes sont mieux respectées à présent. Quand es-tu sortie?

En septante et un, ou peu avant[35]. En tout cas, j'étais encore une rien du tout, sans droits civiques. Mon ex-mari s'est souvent moqué de moi. Il est Français – tu t'en souviens peut-être –, il trouvait étrange que je ne puisse pas voter ni élire; je n'étais donc pas encore une citoyenne, et même plus une épouse. Aux yeux du curé, cela signifiait: pas une bonne catholique. Alors un jour, j'en ai eu assez de tous ces hommes qui savaient ce que je n'étais pas. Voilà; maintenant, parlons aussi de toi.

Mais pas sans café. Reste assise, je reviens tout de suite.

Adeline l'entend monter l'escalier à la hâte et se réjouit de boire un café. Mais sa joie se trouble au souvenir pesant d'un autre café que Marguerite avait servi chez elle il y a bien longtemps, et qui avait fait des vagues au village et même dans toute l'Ajoie. Un café qui lui avait coûté cher, à la Marguerite.

La pauvre : elle avait quelques personnes à la maison, elle était déjà mariée et son homme était là ; sinon, comment aurait-elle pu recevoir des amis le soir ? Dans la cuisine, on riait et causait, c'était un soir comme on en avait l'habitude dans sa maison, car on aimait bien aller chez la Marguerite. Le lendemain, ils sont tous arrêtés. Elle, son mari et les jeunes gens qui ont bu le café chez eux. Arrêtés et emmenés par la police.

Ils sont tous restés en prison plus d'un mois, innocents. Quelqu'un les avait accusés d'être les incendiaires des fermes franc-montagnardes. C'est pour Marguerite que ce fut le pire, elle a été mise toute seule dans la prison des femmes alors qu'elle attendait son premier enfant.

Le village était furieux contre Berne. Adeline aussi, et pourtant elle se trouvait exclue de la compagnie des autres. Elle sentait partout s'insinuer l'aversion et croître les soupçons, jusqu'à se demander si elle avait effectivement dénoncé les jeunes voisins puisqu'elle était l'amie d'un Bernois...

C'est une rapide, Marguerite, la revoici déjà avec le plateau qu'elle pose sur la table. Elle n'a rien oublié : le café, le sucre, la crème, tout est là. Qui n'a pas de tête a des jambes n'est pas un vain mot dans cette maison.

Tout en se laissant servir, Adeline s'intéresse à la vie de son amie. Mais distraite au récit d'une noce et du baptême d'un petit-enfant, elle fait soudain un saut de trente ans en arrière vers ce café de malheur.

Est-ce qu'on a finalement su par qui la police avait...

Bah ! Ne réchauffons plus cette histoire.

Juste ceci, Marguerite : tu as su entre-temps qui était le dénonciateur ?

Un manœuvre, sept condamnations avec sursis...

Adeline en reste là et se détend, prête à regarder les photos du petit-fils de Marguerite.

Sur la route du retour, la maman est loquace. Elle se sera déchargée à confesse de ce qui lui pesait. Du moins pour le moment. Le drame qui déchire la famille doit lui fendre le cœur depuis longtemps. Adeline pense à Marguerite, qui a refusé de se plaindre de l'injustice subie, et qui n'en veut plus à personne. Si seulement elle-même y était aussi parvenue. Si elle était allée chez Germaine pour lui tendre la main en lui disant : Petite sœur, oublions ce qu'il y a eu entre nous. Peut-être que Petit Daniel aurait suivi l'exemple. Ils n'auraient pas pu faire un plus grand cadeau à leur mère.

Hier soir, elle a entendu à la télévision le témoignage d'une Bosniaque. Jadis, rappelait celle-ci, on vivait ensemble en paix, et maintenant on doit se haïr, la sœur et le beau-frère sont devenus ennemis... À ces mots, Adeline pensait, je connais cela – même si personne n'a été tué ici –, je sais ce que c'est.

La relation entre Germaine et Adeline est rompue depuis des années. On s'est revu à l'enterrement du papa, mais de loin seulement. La maman est la seule à franchir le fossé, comme une poule effarée. Mais elle est habile. Quand elle parle à Adeline de Germaine, elle enrobe la chose avec prudence.

Encore maintenant elle ne dit rien de son homme, elle parle du rhume de Germaine, de la cérémonie de diplôme de sa fille cadette, et comme si elle se parlait à elle-même. Elle n'attend pas de questions. Son marmottement n'est interrompu que par l'essuie-glace, qui efface de la mémoire les mots et les gouttes de pluie.

Comme Adeline fait descendre sa mère devant la maison, la famille la retient. Marthe a déjà mis à cuire les spaghettis, Daniel a débouché une bouteille, et le couvert est mis pour sept personnes. Les enfants viennent les uns après les autres, s'accrochent à leur tante et la poussent sur le banc de cuisine à côté de la grand-mère.

Adeline laisse faire, elle aime mille fois mieux manger en compagnie plutôt que toute seule. Plus tard elle pense à son hôte de demain et demande un peu de cresson. Aussitôt le benjamin file avec des ciseaux.

Le bouquet géant qu'il ramène et dépose devant sa tante déclenche un rire général dans la cuisine.

Lisbeth reste assise et demande comment on se rend à la chapelle de l'établissement. Les autres dames du cours vont faire un tour dans la cité moyenâgeuse avant le retour à Porrentruy. Elle n'a pas envie de se joindre à elles, pas envie de braver la pluie.

Une excursion à Saint-Ursanne avec la visite du home pour personnes âgées, tel était le programme de la journée.

Elle s'était réjouie de voir autre chose. Enfin elles avaient droit à des informations pratiques, même si rien n'était vraiment nouveau. Les Pampers modernes qui leur ont été présentés, elle les connaît depuis longtemps. Depuis que ses petits vieux en sont équipés, ils se sentent nettement mieux. Aucune sensation d'humidité, l'urine est adsorbée. Et quand l'étiquette se décolore, la soignante sait qu'il faut changer le lange. Les pensionnaires de leur côté s'étaient aussi réjouis de la visite de ces dames. Elle a encore un peu bavardé avec eux, mais à présent elle aimerait être seule.

Elle suit le long couloir qui mène à la chapelle, ouvre la porte avec précaution et reste ébahie. Les vitraux diffusent des rouges, des bleus, des verts qui se fondent dans l'espace en une gamme lumineuse.

Un vieillard est assis dans l'avant-dernier banc, une sœur est agenouillée, tous deux muets, le regard vague. Peut-être prient-ils la Vierge Marie.

Près de l'autel se dresse, dans un rouge foncé crépusculaire, une sculpture dont elle pense que c'est la Sainte Vierge.

Cette Marie, mère de Dieu, n'avait existé pour elle que dans les saynètes de Noël. On se bousculait toujours pour ce rôle prestigieux. En quatrième année, c'est Lisbeth qui fut choisie, certainement à cause de ses belles tresses. Elle eut l'autorisation de les dénouer et se trouva magnifique dans sa longue robe et sa chevelure ondoyante. Elle s'approcha dignement de la crèche, y déposa la poupée avec recueillement, et fut soudain humiliée dans son rôle : derrière elle, un berger chuchotait : Eh, les gars, on peut pincer la Marie aux fesses, ou *Giele, jitz chöi mir d Maria i ds Füdlestüpfe.*

De ce jour, elle a rayé Marie de sa vie. Plus tard, elle n'a éprouvé que du dépit en apprenant ce qu'on raconte sur cette mère de Dieu. Cela lui fait l'effet d'une gifle à la face de toutes les mères. Les génitrices seraient donc impures, maculées, souillées du seul fait qu'elles ont aimé le père de leurs enfants. L'histoire de l'Immaculée Conception n'aurait pas pu être inventée par des femmes. Impressionnante vraiment, cette mauvaise opinion que les hommes ont d'eux-mêmes.

Elle s'assied au dernier banc. Par les fenêtres afflue une lumière colorée qui éclaire les murs et le sol comme au théâtre. L'air même lui paraît teinté, elle respire du bleu, du rouge et se sent apaisée comme après une infusion de mélisse.

Toutes ses pensées gravitent autour de Hans. Depuis hier, il lui semble que quelque chose ne joue plus. Elle aurait dû l'appeler, demander comment il va. Mais il avait sa répétition, et après onze heures elle ne téléphone plus.

Lundi et mardi, elle y avait renoncé délibérément. Elle ne sait pas mentir, et Hans est très malin. Il aurait aussitôt senti que cela cachait quelque chose. Que le hasard lui ait fait rencontrer cette Adeline qu'elle ne connaissait pas, il ne l'aurait jamais cru.

Adeline et Yvette vont partir en vacances ensemble. Cela doit être beau de voyager avec sa fille adulte. Lisbeth a presque désappris la relation familière avec une femme. Depuis des années, elle vit avec ses trois hommes, rien que pour eux, elle connaît leurs pensées et leurs sentiments, elle s'adapte et concilie. Jadis elle avait aplani les querelles des garçons, plus tard celles du père avec ses fils. Quand ils se sont regimbés pour de bon, elle aurait dû prendre parti tous les jours, et parfois elle a rallié le plus faible en pleine bagarre. À l'époque, c'est les garçons qui lui faisaient soudain pitié quand la punition de leur père lui paraissait trop dure après une peccadille ; mais ces derniers temps, c'est plus souvent Hans qui semble avoir besoin de protection.

Elle espère que Beat aura été gentil en rentrant mardi soir après l'entraînement. Et que les menus qu'elle a précuits conviennent à Hans. Si quelque chose ne jouait pas, il pouvait bien appeler, le numéro de son hôtel est encadré en rouge sur le billet épinglé au vaisselier.

C'est la première fois qu'elle est partie seule de la maison.

Même son temps libre, elle l'a toujours passé comme ses hommes, avec eux, dans leur monde à eux. Au soleil de haute montagne, sur la roche et la glace où elle les suivait à chaque fois, les lèvres gercées et les jambes gourdes et rétives en fin de journée, jusqu'à une cabane en point de mire sur sa moraine depuis des heures. Pendant les vacances d'hiver, c'était tout ce barda des skis aux arêtes coupantes et des chaussures mastoc, elle en avait horreur. Elle n'osait pas l'avouer, naturellement, car son rôle aux côtés de son mari était de faire de leurs garçons des skieurs éprouvés. Elle détestait le télésiège, elle se crispait toujours par crainte de se lever trop tard à l'arrivée et de rester coincée en l'air ; et plus que tout, elle haïssait le téléski, elle en tremblait intérieurement. Chaque hiver, elle décrochait au moins une fois de l'archet, ce qui mettait Hans hors de lui, il ne savait pas comment elle s'y prenait, même la pire des bécasses ne saurait tomber d'un banal téléski. Elle goûtait du moins, dans ce reproche, la satisfaction de savoir qu'il ne la prenait pas vraiment pour une bécasse. En été, c'est le voilier qui l'angoissait. Elle oubliait le nom des cordes, les embrouillait constamment, et quand Hans lui criait de la barre : Choque ton foc ! elle ne trouvait pas l'écoute et l'ambiance était fichue. Pourtant les voiles blanches des autres glissaient si paisiblement sur l'eau, elle pensait que cela devait être possible pour eux aussi et s'efforçait d'exécuter la suite des ordres correctement. Mais tôt ou tard, elle prenait la bôme en pleine figure, ça ne manquait pas, elle se baissait toujours trop tard ; et alors elle était de mauvaise humeur pour le reste de la sortie.

Lisbeth regarde encore en avant, là où les couleurs se fondent toutes dans le rouge foncé qui entoure la sculpture. Elle se prend à envier les femmes catholiques qui s'adressent à Marie, qui confient leurs tourments à cette femme compréhensive et pleine de pitié, fût-elle inventée par l'Église.

Elle ferme les yeux ; à travers les paupières, elle éprouve l'ardeur de la lumière et se sent protégée par sa chaleur.

En fait, elle est sortie de son train-train. Et pourtant elle n'a pas à se plaindre. Ces petits incidents ne survenaient généralement que pendant les vacances, personne n'intervenait dans son travail de ménagère. La maison avait été aménagée à sa convenance, elle lui appartenait, son frère lui avait payé sa part après la reprise de la ferme. Cela lui donnait le sentiment confortable de ne pas dépendre de Hans pour tout. Il était quand même le bon terreau sur lequel elle prospérait comme une plante. Et il ne l'avait jamais déçue, jamais trompée. La photo sur sa table de travail restait ce que ça avait été, un souvenir de jeunesse. Mais hier, en regardant du haut de la tour et en repensant au conte de Jorinde et Joringel, elle a entrevu un autre Hans. Le petit amoureux d'une romance très lointaine était devenu soudain le triste Joringel et, depuis ce moment, quelque chose lui fait mal.

Elle n'attend pas d'appel de Hans. Il était tellement fâché qu'elle ait commencé un nouveau travail et se soit inscrite à ce cours. Elle en a presque été heureuse et l'a pris comme un signe de sa sollicitude.

Pas un appel, non : ce qu'elle attend, c'est plus.

Elle ouvre les yeux, avise la Sainte Vierge nimbée de rouge flamboyant et lui balance, muette,
Marie, je suis en colère contre Hans.
Ça va mieux, le bouchon a sauté, ses pensées jaillissent.
D'abord une date.
Le 5 janvier 1964.
Son souvenir est précis : le portrait sur son bureau, elle ne l'a pas épousseté pour rien pendant tant d'années.
Photo Studio Porrentruy 5.1.1964.
Voilà, et ensuite une phrase d'Adeline. Mardi soir au souper, à la question de savoir si elle avait des enfants, Adeline a dit en passant que Jean-François, son aîné, était né en soixante-quatre.
Voilà, c'est tout.
La fameuse pilule qui devait tout changer n'était pas encore en vente. Elle le sait, elle était encore élève infirmière à l'époque, mais elle avait déjà travaillé dans tous les services et était bien informée.

Et enfin une scène : Hans à table, qui lit le journal, qui le jette soudain en criant : salauds, bande de terroristes. Cette date aussi est gravée dans sa mémoire, le 12 décembre 1968. Le médecin venait de lui confirmer qu'elle était enceinte, elle était au septième ciel et aurait aimé ne parler que de cet enfant à table avec Hans. Mais il était furax à cause de ces quelques Béliers qui, la veille, avaient pénétré au Conseil national solidairement encordés. Jamais elle n'avait vu Hans aussi démonté. Au cours des années suivantes, elle s'est souvent étonnée de la violence de ses réactions aux coups de boutoir des jeunes Jurassiens. Ce n'étaient pourtant que des gamins qui faisaient des frasques, comme les chevaux à la ferme : quand ils avaient eu trop d'avoine, ils renversaient le char.

Certes, ce qui venait de se passer au Nydeggstalden était grave. Terrible, oui, quand les gosses se mettent à manipuler des bombes.

Lors de ce dernier incident aussi, Hans l'a étonnée. Peut-on jurer pour de simples fenêtres cassées quand l'agresseur gît sur la chaussée, déchiqueté ? Pauvre gars qui a peut-être voulu crâner devant les copains et l'a payé de sa vie. Beat et Urs aussi, à quatorze ou quinze ans, avaient fait des bêtises en croyant devoir prouver je ne sais quoi à leurs amis ; arraché les stores de la boulangerie, comme ça, par excès d'énergie. Hans leur avait passé un savon, infligé une punition et, secrètement, s'était senti fier de ces hommes en herbe, ses rejetons. Jamais il n'avait été aussi monté contre ses propres fils que maintenant contre les provocations des Béliers.

Sa colère devait avoir affaire avec le Jura. Elle y voit clair à présent, le Jura est son point sensible.

Qu'a-t-il caché là-bas ? Son premier fils ? A-t-il payé une pension alimentaire en secret pendant qu'ils étaient jeunes mariés ?

Elle est outrée. Qu'elle a dû paraître ridicule à Adeline avec son invitation ! Celle-ci n'a-t-elle pas demandé, un peu sur le qui-vive : qu'est-ce que Hans vous a dit de moi ?

Rien, il ne lui a rien raconté, et pourtant il aurait pu compter sur sa magnanimité. Jamais elle ne lui avait fait une scène de jalousie – pour être honnête, il n'y a jamais eu de quoi – mais il y a semble-t-il des femmes qui en veulent à leur partenaire même pour un sourire qui ne leur est pas destiné. Pas elle, elle est fière de son grand cœur, de sa compréhension pour les hommes. Hans aurait pu, avant le mariage, lui faire part de ce qui lui était arrivé, et elle aurait compris, aurait peut-être proposé une fois de prendre le petit Jean-François en vacances.

Le portrait qu'elle ne cesse d'épousseter serait-il, depuis vingt-cinq ans, une tentative de dire une chose qui lui est restée en travers de la gorge ?

Avec des yeux qui ne cessent de se dessiller, elle plonge dans la pénombre des couleurs qui ont perdu leur éclat ; le front plissé, elle lance son dernier pavé à Marie :

Et s'il n'a rien payé, s'il a laissé tomber cette femme ? Et tout effacé, tout gommé jusqu'à ne plus le croire lui-même ?

Ça ne serait-il pas moche, hein, Marie ?

Hans ouvre la porte de la maison, et le remugle de l'appartement non aéré l'enveloppe comme un voilage crasseux. Des baskets négligemment jetés au sol, à la penderie une liquette trempée de sueur, et la commode recouverte de papiers.
Il jette un coup d'œil au courrier.
Monsieur Beat Bähler, étud. ing. gén. civ.
Monsieur Urs Bähler, étud. ing. agr.
Ah, ces messieurs rentrent en vitesse, ouvrent le courrier qu'on relève pour eux – n'ont-ils donc pas fait faire le changement d'adresse ? –, et puis décampent. Et la mère débarrassera leurs déchets comme d'habitude. À la place de Lisbeth, il ne tolérerait pas cela. Il cherche un sac-poubelle, y pousse du bras le courrier de ses fils. Pas de lettres d'amour, certainement pas, ils les auraient prises.
La cuisine l'accueille avec un relent de fermentation acidulée. À l'évidence, il faut agir. Lisbeth pourrait rentrer demain déjà, et on ne laisse pas un tel chenit à sa femme. On est tout de même un peu ouvert aux idées modernes, on ne se laisse pas simplement servir. Les patriarches sont morts, à de rares exemplaires près, et lui n'est pas de ceux-là.
Bon, il ne va pas *poutser* comme une ménagère, mais liquider le boulot vite fait, bien fait, selon sa stratégie à lui. D'abord ce bouquet fané. Curieux, des tulipes sur une table de cuisine. Elles devaient lui être destinées. Lisbeth savait qu'il mangerait à la cuisine. Mais ce n'est que maintenant qu'il remarque les fleurs. Elles se sont penchées hors du vase, ont posé la tête sur la table, sur le billot de l'abattoir pour ainsi dire, où elles perdent leurs pétales.
Il les jette par la fenêtre, au jardin, vide le vase dans l'évier en faisant la grimace. Travail répugnant. Il a besoin d'un encouragement, va dans le séjour, choisit Nabucco. Lui-même a

chanté cet opéra au théâtre, avec quelques membres du *Männerchor* appelés en renfort. Il a alors acheté le CD et l'a passé à la maison jusqu'à ce que cela tape sur les nerfs de Lisbeth. Ça ne sera pas lé cas aujourd'hui, même s'il force le volume pour que les chœurs s'entendent jusqu'à la cuisine.

Au son des cors, il retrousse les manches et s'attaque à la poêle. Il fait disparaître l'huile rance et les restes de rœstis, allegro furioso.

Il s'y connaît, quiconque a nettoyé les gamelles à l'école de recrues sait comment s'y prendre.

Verser beaucoup d'eau bouillante et de mousse dans les assiettes. Innombrables, des petites et des grandes, comme si le bureau au complet avait mangé chez lui. Et pourquoi cette douzaine de tasses, qui a bu ici? Il frotte les ronds de café séché et commence à s'énerver, il aurait vraiment mieux à faire ce soir, il aurait pu laisser la vaisselle à la Portugaise. Il n'avait pas pensé à cela en incitant Lisbeth à décommander la femme de ménage pour cette semaine. L'idée qu'une personne étrangère fouine seule dans l'appartement ne lui convenait pas. Des verres à pied, des verres à eau, des verres à whisky. Restent encore les plats et les pots, les cruches et tous les couverts. L'eau s'est dégradée dans le bac en un infect brouet, et son irritation friserait l'apitoiement sur soi, n'éclatait à l'instant le chœur des prêtres de Baal. Il mêle sa voix à la leur, sans paroles, il les a oubliées, mais il maîtrise encore les sauts, tant de fois exercés, jusqu'au passage où Abigaïl se perd dans les sons les plus aigus.

Il prend un linge au crochet. Essuyer est moins dégradant que de plonger les mains dans la lavasse tiède, parmi des restes de nourriture. Surtout qu'il en a fait sa part comme écolier déjà; pas de son plein gré naturellement. Depuis peu, il essuie aussi pour Lisbeth le soir. Une corvée vite accomplie la plupart du temps, pas une montagne à abattre comme maintenant. En plus, il a faim, n'a avalé qu'une salade au baraquement ce midi.

Et après une longue journée de travail, on aurait bien mérité quelque chose de chaud, nom de nom. Il y aurait encore des repas préparés au frigidaire. Mais en fait il a envie de roestis, comme au début de la semaine ; il ouvre la boîte qu'il s'est achetée, prend la poêle, hésite. Vient d'être lavée : la sacrifier déjà ? La faim décide, les roestis passent à la poêle. Après les avoir mangés à moitié et vidé deux verres de chianti, il dresse l'oreille.

Son passage préféré. Le sommet absolu de toute la musique. Le chœur des Hébreux en captivité. Ah, le pouvoir de cette mélodie qui l'a toujours aidé à s'évader hors du quotidien. Dans un élan de grâce, la nostalgie du chœur s'envole vers la patrie perdue.

Va, pensiero, sull'ali dorate, Va, pensée, sur les ailes dorées

Il s'y joint, il fredonne et laisse aller ses pensées ; pas dans sa patrie puisqu'il y est, mais là-bas… Porté par le chant, il plane sur sa campagne de rêve, il voit les champs ondoyer et déferler comme la mer vers une douce plage, il voit la frange des clairs bois de feuillus qui se lovent au flanc des collines, il voit des ruisseaux courir au fond des vallons, eaux limpides, miroirs du ciel.

À cause de cette bande de terroristes, il a perdu tout cela.

Plus jamais revu depuis.

Pourquoi en fait n'y est-il jamais retourné ? Il ne lui serait certainement rien arrivé… Il cherche dans les strates de ses souvenirs, creuse un tunnel à travers la roche, n'abandonne pas, jusqu'à ce que la lumière se fasse et qu'il se retrouve dans une salle de bal campagnarde où il entend des sifflets ; irruption rustre et criarde en pleine mélodie de Verdi.

Träm träm träderidi.

Il se revoit debout à côté d'Adeline, le bras bandé, et autour d'eux les autres couples de danseurs qui, tous, sifflent la marche de Berne ; qui la chantent, en français naturellement, en inventant des strophes qui lui sont destinées – et qui rigolent. Si Adeline les avait fait taire, ç'aurait été supportable, mais elle riait avec eux. Et il n'a jamais supporté qu'on rie de lui.

Hans chasse de sa tête le rythme agaçant de la marche pour se remettre à fredonner la musique de Verdi et se laisser emporter à nouveau par le chant des Hébreux captifs, *sull'ali dorate*; mais qui à présent le rendent triste.

Les trompettes et le chœur des guerriers l'arrachent littéralement à son tabouret, et le galop de chevaux des grosses caisses le réveille complètement.

Il se met à récurer la poêle, laver les dernières assiettes, nettoyer la cuisinière et l'évier, puis retourne enfin les chaises sur la table et balaie le sol.

Que de fois n'a-t-il pas fait cela dans sa garçonnière ? Chaque samedi. Il remettait lui-même de l'ordre dans la chambre et la cuisine, balayait, nettoyait, tout en pensant que c'était trop tard pour le lendemain, mais qu'il l'inviterait pour le dimanche suivant. Quant à lui rendre visite dans son village, plus jamais. Non pas qu'il ait donné crédit aux insinuations de son chef à propos des agitatrices, mais dans ses nuits d'insomnie, il se sentait roulé dans la farine, il revoyait Adeline comme un appât et lui-même comme une victime aux mains des Béliers.

Des journées entières, il s'était demandé comment arranger un rendez-vous ailleurs que dans le Jura.

Lui écrire, l'inviter à Berne.

Lui envoyer un billet de chemin de fer dans une enveloppe, Porrentruy-Berne et retour. Se payer un tel voyage n'était guère à la portée d'une jeune ouvrière d'usine à l'époque. C'est pourquoi il n'avait pas parlé de son amie à ses parents. Si elle avait été riche, ils auraient mieux accepté sa mauvaise religion. Semaine après semaine, il aurait voulu lui envoyer une lettre. Il n'a jamais pensé à lui téléphoner.

Il se souvient très bien des raisons. C'était l'hiver où il avait croisé en ville un ami d'enfance et l'avait invité à boire une bière. Noldi était devenu agent de police et se faisait souvent envoyer dans le Jura. Il avait toutes sortes de choses à raconter, dont une allusion à des écoutes téléphoniques. Ces services de renseignements qui allaient devenir tristement célèbres venaient d'être mis en réseau. Hans n'était certes pas très à l'aise face aux dires de Noldi, mais d'une façon ou d'une autre il fallait quand même se protéger des ennemis de l'État, là-bas dans le Jura.

Non, téléphoner à Adeline, jamais il ne l'aurait fait.

Est-ce que plus tard elle ne lui avait pas envoyé le portrait qu'il a sur sa table de travail à l'étage ?

Oui, c'est bien cet hiver-là qu'il a dû recevoir le colis avec cette photo encadrée.

Sur quoi Adeline lui était apparue en rêve, affreusement changée, les traits tirés et le regard aux aguets. Plus d'une fois, s'il se souvient bien. Alors un matin, il avait saisi le portrait en hâte, contemplé ce sourire immuable et cru découvrir une expression inconnue dans ses yeux.

Il ne l'avait pas remercié pour le paquet. Elle n'avait plus rien envoyé non plus.

Au lieu de cela, son village a fait la une des journaux. Comptes rendus d'une arrestation. Des terroristes avaient été appréhendés dans une cuisine en train de préparer de nouveaux attentats. Parmi eux, aussi une femme.

Il avait encore voulu attendre avant d'écrire, jusqu'à ce qu'il fût établi qu'elle n'avait rien eu à voir avec les personnes arrêtées. Mais aussitôt, ces cinglés de séparatistes avaient fait sauter la ligne de chemin de fer Berne-Bienne à Studen. Il n'a pas trouvé la force d'écrire une lettre pour la remercier de son portrait ; il le ferait plus tard. C'est alors qu'une nuit, les rails du tram de sa ville furent goudronnés, acte revendiqué le lendemain par un groupe de femmes jurassiennes[36]. Il ne savait pas si Adeline en était et si, peut-être, cela avait été son message d'adieu.

La lettre ne fut jamais écrite.

Tandis qu'il range les chaises de cuisine, Abigaïl se suicide en exhalant une douce plainte. Il l'écoute dans un frisson qui lui parcourt l'échine. L'air l'a toujours ému, cet adieu soudain si intime et tendre d'une femme combien redoutée.

Perdu dans ses pensées, Hans monte à l'étage, entre dans son bureau et s'arrête devant le portrait d'Adeline. Pourquoi l'a-t-il conservé ?
Ne faisait-il pas simplement partie des choses laissées en plan, une invite à mettre quelque chose en ordre un jour ?
Et pourquoi ne l'a-t-il pas fait ?
Il lit la date au verso.
Le 5 janvier 1964.
Longtemps il reste à ruminer devant l'image de cette femme qui rit. Et pour la première fois depuis trente ans, il s'avoue sa lâcheté.

Il avait soudain pris peur à l'époque, moins du voyage dans le Jura que de la petite Adeline.

VENDREDI

Dans le jardin de l'ancien cloître, Lisbeth contemple les longues plates-bandes où s'annoncent les iris. Après la visite du bâtiment, les voici dans le jardin botanique du collège des Jésuites. En juin, dit le guide, les visiteurs viennent de toute la Suisse pour admirer ces fleurs dont plus d'une sorte est rare. Mais pour l'instant ne percent que les feuilles de la plante, vraies lames qui justifient son nom allemand de lys-épée, *Schwertlilie*. Lisbeth a toujours eu un faible pour les fleurs d'Iris, la messagère ailée des dieux ; elle s'imagine tout ce parterre vibrant de leurs corolles délicatement reployées, bleu clair, jaunes et blanches.

Le groupe s'est dirigé vers les résineux où le guide poursuit ses explications. Elle s'attarde devant les plates-bandes et rit doucement en son for intérieur.

Ici donc, les patriciens bernois frais arrivés au pouvoir avaient fait arracher toutes les fleurs, pour remplacer la botanique par des choux et des carottes. L'école ne devait pas coûter trop cher à ces seigneurs dotés de sens pratique

D'autres propos sur Berne l'ont moins amusée. Oui, elle éprouve à ce sujet une rancune indéfinie qui se mêle curieusement avec ses ressentiments contre Hans. L'impression d'avoir été trompée.

Elle savait très peu de choses en fait, et vient d'apprendre par exemple que les Bernois, en s'installant ici au siècle passé, ont réintroduit dans cette école la langue des princes-évêques, l'allemand. Dans la vie religieuse aussi, ils ont commis toutes sortes d'ingérences cavalières.

Elle observe les bâtiments qui encadrent la cour, les deux cadrans solaires, le clocher de l'église des Jésuites.

Jacques-Christophe Blarer de Wartensee – le nom lui plaît –, ce prince-évêque, a donc bâti l'école en 1591 et fait venir les jésuites comme éducateurs. En apprenant cela du guide, tout à l'heure dans la bibliothèque, elle a pensé que le prince avait appelé dans ces murs le pire de l'infâme, le diable en personne. Et maintenant elle se demande d'où provient son effroi. Elle vénérait le vieux pasteur de son village, un homme de cœur. Pendant l'instruction religieuse, il avait instamment mis en garde ses catéchumènes contre les jésuites, qu'il disait rusés comme des renards. Et l'Église catholique dans son ensemble traînait avec elle un passé aux images menaçantes : inquisition, persécution, bûcher, immolation des hérétiques. Lisbeth elle-même n'a rien vécu qui ait pu la choquer, et de jésuites, elle n'en connaît point. La peur à leur égard doit lui avoir été léguée par des générations d'aïeux protestants.

Et voilà que, ici, elle se trouve du côté du prince-évêque, impressionnée par l'histoire quatre fois centenaire de cette école. Toute chose a décidément deux aspects. Enfant déjà, elle s'en était aperçue avec le Stockhorn. Vue de la ferme familiale près de l'Aar, la montagne si bien nommée avait un aspect massif. Si en revanche on la regardait d'en haut, de l'Oberland, elle ressemblait à une corne.

Qu'est-ce que le guide a dit exactement ? Que l'école avait été fondée alors que le prince-évêque voyait ses sujets attirés de plus en plus vers la foi nouvelle. Que Bâle avait déjà passé à la Réforme, le Jura Sud également, et la ville de Porrentruy aussi avait failli basculer. Lisbeth commence à comprendre la raison de ce recours aux jésuites. Une bonne éducation scolaire était, aux yeux du prince, le meilleur moyen de préserver son État de l'influence de la foi nouvelle. Or les jésuites étaient des enseignants de première valeur. Et Porrentruy pouvait s'appeler l'Athènes du Jura.

La chaleur devient insupportable devant les plates-bandes d'iris. Comme elle voit son groupe partir vers le jardin alpin, elle peut se risquer enfin à l'ombre des conifères. Elle veille à garder la distance, de peur d'écoper encore d'une invective de ses collègues comme tantôt à l'église des jésuites.

Elle fut stupéfaite d'apprendre que les Bernois avaient transformé cette église en une halle de gymnastique. Mais d'autres femmes du cours – de Suisse centrale d'après le dialecte – s'en indignèrent avec elle, et du coup elle s'est sentie offensée personnellement. Décidément, ça ne les regarde en rien de savoir comment Berne a gouverné ici, qu'elles balaient devant leur propre porte.

Elle s'adosse au tronc d'un pin ; du jardin alpin lui parvient la voix claire du guide. Il doit être enseignant, probablement dans cette école, à entendre ses si bonnes connaissances en histoire. Mais Lisbeth a vraiment souffert de l'écouter jusqu'au bout, de l'entendre dire que les Bernois ont laissé se dégrader la précieuse bibliothèque et toute l'école, congédié les enseignants religieux, chassé les sœurs de leurs couvents et dépêché des soldats sur les lieux.

Elle ne s'étonne plus de n'avoir rencontré aucune autre Bernoise dans son cours.

Tantôt, lorsque les femmes s'étaient mises à taper haut et fort sur Berne, le guide a précisé que ce sont aussi les Bernois qui ont refait de cette halle de gymnastique la lumineuse église baroque actuelle. Cette mise au point lui a fait du bien.

Mais elle garde en elle une tristesse indéfinie ; dans la vieille ville, elle reste à la traîne du groupe comme si elle n'était pas des leurs. Elle ne cesse de se demander pourquoi elle est informée sur Israël et la Palestine, sur la Bosnie et l'Afrique du Sud, mais si peu à ce jour sur des problèmes aussi proches.

Arrivée sous la porte de France, elle se souvient soudain d'un hôte qu'ils avaient reçu au début de leur mariage. Hans l'avait invité à dîner, un Arabe. La visite était importante, avec une grosse commande en vue pour l'entreprise. Appelée à jouer tout à la fois la maîtresse de maison, la cuisinière et la servante, elle fonçait de la cuisine à la salle à manger et retour, vêtue impeccablement, bijoux et tout et tout, à servir ces hommes. En haut dans son berceau, Urs réclamait son biberon à grands cris et Beat, qui devait avoir deux ans, fouillait dans les produits pour chaussures et se barbouillait de cirage noir. En préparant le café en toute hâte, elle entendit l'Arabe flatter la Suisse qui, avec l'Arabie saoudite, était désormais le seul pays qui n'avait pas encore introduit le droit de vote des femmes. Et de congratuler Hans d'un rire gras pour cette Suisse où les femmes étaient encore surveillées de près.

Elle crut éclater de colère dans sa cuisine, arrêta le café, monta, donna le biberon à Urs, mit Beat dans son bain et ne revint plus, pas même pour dire au revoir.

Aurait-elle dû – encore sans droits à l'époque – s'intéresser au système de gouvernement de la Suisse, ou au statut du Jura sous le régime bernois ? Et plus tard, après l'obtention du droit de vote des femmes, faire aussitôt l'analyse critique de tout ce que les hommes avaient fait faux ? Le sentiment d'être enfin citoyenne à part entière avait suffi à son bonheur.

La visite guidée se termine à la chapelle de Lorette. La vue qu'on y a sur la ville résume le programme de l'après-midi : à gauche le couvent des Ursulines et l'église Saint-Pierre, à droite le château et, au milieu, les maisons de la vieille ville blotties les unes contre les autres.

Le groupe est sur le point de se disperser lorsque le guide reprend encore la parole.

La chapelle de Lorette, dit-il, a joué un rôle important au siècle passé pendant le Kulturkampf. Toute la population d'Ajoie s'est rassemblée ici et a demandé à Berne le rétablissement des droits garantis.

Quelques femmes du cours s'en prennent de nouveau à Berne et à sa politique.

Elle en a assez.

Alors que les autres retournent en ville, elle rattrape le guide qui monte dans sa voiture, lui dit qu'elle est Bernoise et qu'elle a encore une question.

Il ramène sa jambe droite, ferme la portière et la regarde avec amabilité.

S'il vous plaît ?

N'avez-vous pas vécu tout de même des choses positives sous le régime bernois – j'entends dans ce XXe siècle, pas avant ?

Berne est une très belle ville, dit-il.

Et à Berne on était réellement fier du Jura, du bilinguisme du canton.

Fier ?

Le guide demande si elle a le temps, il aimerait lui montrer quelque chose, pas loin d'ici. Elle est d'accord et se laisse embarquer sur la colline. Il laisse la voiture à l'orée d'un bois.

À vrai dire, elle aimerait rester ici, ne plus s'occuper de rien, juste jouir du soleil et des merisiers en fleurs. Mais le monsieur pénètre dans le sous-bois d'un air déterminé. Elle hésite un instant, mais au souvenir de son regard, se décide.

C'est un homme au regard clair et sans convoitise qui a conduit le groupe de femmes cet après-midi.

La douceur de la mousse fait penser à Pâques. Les enfants y trouveraient des cachettes de rêve pour leurs friandises. Le guide s'arrête devant une pierre gravée. Une tombe ? Celle d'un Jurassien peut-être, liquidé par les Bernois ? Elle s'attend à des choses déplaisantes.

Sur une face de la pierre est gravé le millésime 1743 avec une fleur de lys.

Le lys des Bourbons, dit le guide ; devant vous, c'est la France. Il ajoute que plus tard, la frontière a été un peu corrigée en faveur du roi de France, en reconnaissance de son aide. Il avait envoyé des soldats au prince-évêque pour mater le soulèvement des paysans. Leur meneur, Pierre Péquignat, a été décapité à Porrentruy.

Lassée d'histoire, elle écoute à peine, mais découvre l'année 1817 du côté suisse. Les bornes n'ont-elles pas, en principe, la même date de part et d'autre ? Quant au motif, il lui paraît moins évident que la date. C'est alors seulement qu'elle reconnaît l'écusson bernois, taillé à la va-vite dans un autre blason dont subsiste, en bas, la queue d'une crosse. Laide besogne que cet ours décharné qui occulte l'emblème du prince-évêque.

Elle suit son accompagnateur vers la prochaine de ces bornes qu'elle contemple longuement, ainsi que la suivante. Toujours pareil : la fleur de lys des Bourbons du côté français et, côté suisse, un animal vorace qui viole la crosse aux belles courbes s'évasant comme une jupe. L'ours ressemble à un chien ou à un loup... Hans se fâcherait de voir un travail bâclé de la sorte.

Ce que Lisbeth a appris aujourd'hui, c'est que le sort des gens d'ici a été de mal en pis.

Après avoir chassé le dernier prince-évêque de son trône de Porrentruy pour devenir indépendants, ils ont été annexés par la France et finalement attribués aux Bernois. Qui se sont empressés de graver leur sceau sur la nouvelle frontière.[37] Elle soupire en regardant la forêt clairsemée. Parmi les fûts des hêtres s'étale le tapis blanc des anémones des bois. Dans les branchages gazouillent les mésanges, les pinsons et d'autres oiseaux dont elle a oublié les noms à force de vivre en ville. Elle respire profondément et rejoint son guide, qui gratte la mousse des griffes de l'ours à l'aide d'un rameau.

Comment trouvez-vous le travail du tailleur de pierre ?
Moche.
Il jette la branche.
Je ne vous le fais pas dire. C'est ainsi que le gouvernement bernois a agi avec nous. Il a voulu nous imprimer une nature bernoise sans même s'en donner la conviction ni les moyens.

À la sortie de la forêt, la prairie lui lance mille clins d'œil dorés. Lisbeth aimerait tant s'y jeter corps et âme pour s'y endormir, ne pas rentrer demain ; ni aller chez Adeline ce soir, devant qui elle se sent mise à nu comme devant le guide qui la ramène à l'hôtel.
Elle aurait voulu lui dire comme elle savait peu de choses de tout cela, mais elle y renonce.

Je vous ai fait peur ?
Excusez-moi, vous ne m'avez peut-être pas entendue, mais j'ai frappé avant d'entrer.

Je sais, j'avais promis de ne plus vous déranger.
Mais ici, peu avant la fin de l'histoire, j'aimerais encore vous rendre attentifs à un problème propre à la littérature, celui de la

simultanéité. Les deux scènes qui vont suivre se déroulent au même moment, vendredi soir.

Prenez la musique : deux fanfares qui se rencontrent dans la rue, vous pouvez quasi les entendre simultanément. Le compositeur américain Charles Ives l'a prouvé dans une de ses symphonies.
S'il s'agit d'images, vous n'aurez pas de mal non plus à contempler en parallèle deux tableaux accrochés côte à côte dans une exposition.
Pour la lecture au contraire, vous aurez beau vous donner toutes les peines du monde, jamais vous ne pourrez lire deux textes en même temps, mais seulement l'un après l'autre.
Je pourrais tenter de feindre optiquement une simultanéité en disposant une scène à gauche et l'autre à droite, mais vous devrez quand même les lire successivement. Et comme je suis une femme pratique, j'y renonce, ça coûterait trop cher.

Je vous laisse donc regarder tour à tour dans deux cuisines, l'une à Porrentruy, l'autre à Berne, mais l'action s'y déroule en même temps.

Du balcon, Lisbeth regarde le train qui entre en gare. En provenance de Delémont comme d'habitude. Elle ferme les yeux et se laisse réchauffer par le soleil. Adeline prépare à coup sûr le dessert à la cuisine, malgré les protestations de son invitée. Elle a annoncé une petite pause tantôt, en débarrassant les assiettes, elle avait servi des croûtes aux morilles et de la salade de cresson frais. Excellente idée pour un souper léger, Lisbeth va demander la recette à Adeline. Et le balcon se prête au mieux à la douceur printanière qui ramène le plaisir de respirer. Pourtant Lisbeth redoutait cette soirée. Ce qu'elle a entendu cet après-midi pendant la visite guidée et qu'elle soupçonne depuis hier lui pesait. En montant le coteau vers cette maison, elle portait sa mauvaise conscience de Bernoise et d'épouse de Hans comme un gros sac de montagne.

Sa toilette aussi l'avait préoccupée; dans sa valise elle n'avait que des lainages; vu cette chaleur subite, elle s'était vite encore acheté une blouse pour avoir un peu d'allure face à la coquette Adeline.

La voilà enfin détendue sur sa chaise. En arrivant, quand Adeline lui a ouvert la porte, Lisbeth était restée figée de peur, comme hypnotisée par le t-shirt de son hôtesse qui disait STOP FA/18, et ses pensées s'étaient emballées tel un tourbillon.

La place d'armes, la visite de l'après-midi, la main du guide pointant vers Bure, un coin d'Ajoie jadis fertile; avait-elle bien entendu, est-ce bien le mot arnaque qui avait été prononcé? À propos des militaires? Elle revoit l'armoire à la maison, occupée par les fusils d'assaut et les casques de ses trois hommes, et les masques à gaz, les cartouchières, les uniformes, les sacs de montagne, les chaussettes, les liquettes; cette armoire tout en gris vert qu'elle ouvre de temps à autre pour y renouveler les boules antimites et dont elle ne conteste jamais le contenu; et la voici incitée tout d'un coup par Adeline à ne pas soutenir l'achat de l'avion militaire.

STOP FA/18
Cela lui faisait l'effet d'une mise en garde de derrière la tranchée, Stop, petite déserteuse. T'es pas au courant? Stop F/ausse A/mie, t'as rien voulu savoir. Stop, vous les femmes qui n'avez pas le courage de vous engager dans la politique. Stop à la place d'armes que vous nous avez imposée.

Par la suite, Lisbeth sera persuadée que son hôtesse n'y avait pas tant réfléchi, qu'elle portait ce t-shirt tout bêtement à cause de la chaleur. Adeline l'invita gentiment à entrer, lui montra aussitôt son logement, la chambre à coucher, le salon avec la pendule au mur, une neuchâteloise, qui était peinte en noir à chaque deuil et ne retrouvait ses couleurs qu'après une année; bref, elles parlèrent d'emblée du métier où Adeline est souveraine. Le couvert était déjà mis sur la table du balcon où il y avait juste assez de place pour deux. En bas arrivait de Delémont le train de sept heures et demie. Plus que des trains régionaux, rigole Adeline, pas comme dans le temps, quand le célèbre Simplon-Orient-Express[38] s'arrêtait ici deux fois par jour, il reliait Londres à Constantinople via Calais, Paris, Porrentruy, Lausanne et Trieste. Enfant, elle allait souvent guigner dans ces prestigieux wagons et respirer l'air du grand monde. Tout en apportant le vin blanc et les croûtes aux morilles, elle vibre encore au souvenir des capitons rouges et des voilages assortis. Ici au contraire, tout est à la bonne franquette et Lisbeth ne comprend plus pourquoi elle a eu tant de réticence à venir. Elle a déposé son sac de montagne imaginaire en y laissant pour l'heure ses questions pénibles. Peut-être ne les sortira-t-elle pas du tout. À quoi bon ? Qu'y peut-elle ? Elle n'a engrossé personne par ici, ni défiguré des bornes.

Le coup d'œil vers l'ouest est sublime. Le soleil grandit en touchant la colline comme si son cœur s'enflait, comme s'il cherchait à comprendre, à englober toutes choses avant de disparaître. Ce qui arrive à Lisbeth ressemble à un coucher de soleil. À la maison comme au foyer où elle travaille, ou aujourd'hui encore à ce cours, partout et toujours elle manifeste de l'empathie pour les autres. À continuer ainsi, elle aussi finira par disparaître.

Tu as encore assez chaud ? demande Adeline de la cuisine avant de revenir sur le balcon, chargée de lainages et de plats, remplis de crème fouettée et de compote de fruits.

— Pardonne-moi, ici tout le monde se tutoie.

Lisbeth n'y voit pas d'inconvénient, elle aussi se met facilement au tu.

Je suis certainement l'aînée, dit Adeline, puisque j'ai choisi de naître le 19 juin 1940. À cette date, une armée de Français et de Polonais en déroute avait traversé la frontière pour venir en Suisse.

Et d'un geste évasif, elle montre le soleil encore visible, faucille incandescente à l'horizon.

Et moi je suis arrivée avec les Alliés, dit Lisbeth. Le 10 juillet 1943, jour du débarquement en Sicile. Le père à la frontière, la mère seule à la ferme où les travaux battaient leur plein. Mais c'était ainsi à cette époque, bien avant la pilule, les enfants venaient quand ils venaient, sans se préoccuper de dates, et la plupart non désirés probablement.

Ce disant, elle regarde Adeline avec prudence, curieuse de voir si elle attrape la balle au bond.

Mais celle-ci rit au souvenir de ses innombrables tantes et oncles, tant dans les Franches-Montagnes qu'en Ajoie et jusqu'en France.

Lisbeth s'en veut intérieurement. Qu'a-t-elle donc pensé? Même si le «tu» encourage la familiarité, elle ne pouvait quand même pas s'attendre à recevoir déjà des confidences.

Peut-être pourrait-elle poser la question qui lui est venue à l'esprit cet après-midi en apprenant que les Bernois avaient réintroduit l'allemand au collège des Jésuites alors qu'on y enseignait en français depuis l'expulsion du prince-évêque.

Pourquoi l'allemand? Leurs Excellences de Berne parlaient pourtant le français entre eux. Mais en prenant cette mesure, ils excluaient de nouveau la population rurale de l'instruction supérieure.

L'instruction supérieure, cela fait rire Adeline. Jamais personne dans sa famille n'avait réussi à aller jusque-là. Elle-même avait terminé l'école publique un samedi et s'était retrouvée à l'usine le lundi suivant. Mais ses enfants, naturellement, ont eu droit à une bonne instruction.

Lisbeth cherche un brin de complicité. Elle ne se sent pas responsable de ce qui s'est passé il y a cent ans; elle entraînerait bien Adeline à médire du temps jadis, et lui demande si on parle encore des baillis bernois par ici.

Adeline rejette la tête en arrière et part d'un rire sonore dans le ciel du soir. Ça la dépasse, dit-elle. Son fils Jean-François le saurait certainement. Mais il lui dirait: Écoute maman, Berne et encore Berne, tire donc enfin un trait là-dessous. Aujourd'hui on fait l'Europe.

Lisbeth aime ça, c'est ainsi qu'elle a toujours mis fin aux disputes de ses fils.

Ça suffit maintenant, plus un mot.

Et pourtant, elle tente encore d'apprendre d'Adeline comment on a vécu les derniers temps, si le régime de l'ancien canton était vraiment si mauvais.

Chacun avait peur de l'autre, dit Adeline, les Bernois probablement encore plus que nous.

Et de se remettre à rire ; c'était le bon temps pour les paysans ; en cas de grêle, tout leur était payé par l'assurance de Berne, aucun expert ne se risquait plus ici pour vérifier si leurs déclarations étaient exactes.

Quant à son propre engagement dans la lutte pour le nouveau canton, c'est encore en riant qu'elle répond à la question ; elle secoue la tête et tend les mains ouvertes vers Lisbeth, comme pour l'inviter à se rendre compte de la réalité : neuf heures à l'usine, deux enfants et un ménage, pas une minute pour penser à autre chose qu'au travail. Son frère, oui, il y a participé, et la maman se faisait du souci, surtout à cause de l'AVS. Quelqu'un lui avait raconté que dans un nouveau canton, elle n'aurait plus d'assurance vieillesse.

Adeline hausse les épaules en souriant avec indulgence derrière ses gros verres de lunettes.

Au fond, bien sûr qu'elle était favorable au canton du Jura, et la fête, ce 23 juin-là, fut un événement complètement fou ; ils avaient pris congé pour le lendemain, tout le monde était descendu dans la rue pour danser, toute la journée et jusque tard dans la nuit, danser…

Lisbeth jalouse la lumière au fond des yeux d'Adeline et s'imagine la liesse de cette fête. Mais elle ne sait pas en quelle année cela s'est passé et ne peut qu'admettre l'importance de ce 23 juin. À coup sûr, il devait s'agir de la libération du joug bernois, quoi d'autre sinon ? À Porrentruy comme à Saint-Ursanne, elle a découvert une rue du 23-juin. Mais elle n'ose demander.

On va prendre un café, attends, dit Adeline en quittant le balcon.

Restée assise, Lisbeth pense au rire qui émaille la conversation d'Adeline et qui jaillit à tout moment du balcon, comme des bulles. L'aptitude des gens d'ici à transformer le sérieux en rigolade a peut-être, malgré tout, donné une tournure sereine à ces dernières années bernoises.
Le café servi, Lisbeth demande sans ambages si on peut rire aujourd'hui de ce qui s'est passé entre Berne et le Jura.
Rire ? Adeline pose sa tasse, regarde longtemps vers la colline.
Rire non. On n'en parle plus.

Malgré les lainages, on sent le frais. En contrebas, le train de neuf heures et demie entre en gare. Lisbeth aurait encore voulu évoquer incidemment l'explosion toute récente et les fenêtres cassées dans le bureau de Hans, et savoir ce qu'en dit Adeline ; mais elle laisse tomber, c'est l'heure de s'en aller, elle se lève.
Je n'oublie pas que tu pars en vacances demain.
Après-demain, corrige Adeline, demain Yvette va encore au mariage d'une amie.
Ils vont avoir un temps de rêve, dit Lisbeth en contemplant les premières étoiles.
Moi aussi, je me suis mariée en avril, dit Adeline.
En quelle année ?
Mille neuf cent soixante-quatre.

Lisbeth se rassied, redemande une tasse de café. Ce qu'elle va faire est parfaitement primitif, elle le sait : totalement incongrue, sa question quant à la date de naissance de Jean-François, mais elle ne peut s'en empêcher.
Adeline sourit : Il est arrivé exactement neuf mois plus tard, la même année.

À présent, c'est Lisbeth qui rit, d'un rire irrépressible, elle avale le café de travers, s'étouffe, et ne retrouve son souffle qu'avec les larmes qui lui roulent sur les joues.

J'ai une idée, dit-elle enfin en toussotant pour retrouver sa voix. Elle aimerait appeler Hans. Peut-être viendrait-il la chercher demain, et comme Adeline sera encore là, on pourrait bien se retrouver tous les trois et dîner ensemble, par exemple dans cette ferme-auberge de la Couronne où elles sont allées en début de semaine.

Un instant Adeline reste perplexe, puis son visage retrouve les plissements de rire habituels.

Pourquoi pas ? Et elle indique à Lisbeth le téléphone à côté de la porte d'entrée.

En manches de chemise, Hans descend de sa voiture. Dans sa maison mitoyenne de l'autre côté de la rue, il voit que la fenêtre de la cuisine est éclairée. Ah, elle est là ! Il se passe vite la main sur le menton – bah ! – tant pis, il ira se raser avant de se coucher. Et par cette chaude soirée, elle renoncera peut-être à son pyjama-cuirasse. Reste à espérer qu'elle ne sera pas trop fatiguée. En tout cas la cuisine est en ordre, il ne se sera pas donné de la peine pour rien, hier, il a tout lavé, nettoyé, et même récuré le sol. Il l'avait pressenti, ce retour inopiné. Maintenant, c'est elle qui va être surprise d'avoir un homme aussi moderne. Elle va lui sauter au cou, une trace de parfum au creux de la gorge et, sur les mains, déjà un relent d'ail et de côtelettes rôties. Sur la table du repas il y aura les couverts du dimanche, des verres et des bougies et des fleurs.

Des fleurs ?

Il n'a pas vraiment gâté sa femme avec des fleurs. Mais aujourd'hui, elle aura son bouquet. Il remonte dans la voiture pour aller à la gare, les autres fleuristes sont déjà fermés. Sept roses à longues tiges, qu'il ramène et déballe dans la voiture déjà. La cuisine est toujours allumée. Lisbeth doit préparer un repas de fête avec de petites salades, de la viande et un dessert. Mais en traversant la rue, il reste interdit, croyant voir deux personnes s'activer entre la cuisinière et la table. Qui a-t-elle encore ramené ? Maintenant qu'il aurait envie d'être seul avec sa femme. Il saute les trois marches de l'entrée du jardin, se plante devant la fenêtre, voit deux jeunes hommes touiller dans la grande marmite et, sur la table, un tas d'herbe gros à fourrager une vache...

Il pousse la porte de la cuisine, brandit les fleurs.

Crénom de nom, c'est quoi ce commerce ?

Le regard amusé de ses fils lui hérisse le poil ; il ne se sent plus et se met à crier : Mais qu'est-ce qui pue tellement dans c'te cuisine, purée de Dieu, qu'est-ce qui vous prend, c'est dégueulasse.

Il est debout sur le seuil, le visage aussi rouge que ses sept roses.

Ça va la tête ? demande Urs d'une voix aimable.

Mais il continue de tonner, il s'emporte contre les feuilles de pissenlit sur le sol, contre la corbeille de couture ouverte au milieu du cerfeuil, contre l'ortie rouge et d'autres herbes printanières qui jonchent la table.

Maman peut rentrer à tout instant, dit-il.

Mais qu'y a-t-il de si terrible qu'elle revienne ? demande Beat.

La cuisine, crie-t-il, elle était propre en ordre, j'ai assez trimé et rangé hier.

Beat rit. Alors on a eu de la chance avec votre partage des rôles. Nom de Dieu, si tu avais été homme au foyer...

Il pense à distribuer des baffes pour secouer ces messieurs comme il convient, mais le téléphone sonne, il va dans le corridor, les roses toujours dans la main droite ; de la gauche il empoigne le combiné.

Liseli !

Où es-tu ? À la gare ?

Tout en écoutant, il suit d'un œil distrait le branle-bas de ses fils. L'un débarrasse le cerfeuil et les orties de la table puis cherche la brosse et la ramassoire, tandis que l'autre range les ciseaux et la bobine de fil dans la corbeille à couture de la mère et la rapporte en hâte à l'étage.

Mais leurs faits et gestes ne le touchent plus. Seul compte ce qu'il entend dans le combiné. Les mots de Lisbeth le pénètrent comme un baume, un grand bien-être se répand lentement en lui. Il respire profondément et laisse remonter en lui toute la joie qu'il a pressentie tantôt dans la rue, pimentée à présent d'une pointe d'aventure.

De retour à la cuisine, il sourit à ses fils comme si de rien n'était. Votre mère revient demain, dit-il, c'est-à-dire, je vais la chercher.

Il remarque bien sûr le regard échangé entre les deux et s'imagine ce qu'ils pensent, mais peu lui chaut. Ils ne se rendent pas compte, ces jeunes...

Avec une bonne humeur retrouvée, il s'intéresse à ce qu'ils concoctent, n'attend pas la réponse, demande s'ils ont faim aussi, sort le pain et le fromage, et envoie Beat chercher une bouteille de bourgogne à la cave.

L'aîné transmet l'ordre au cadet, lui-même occupé à sortir de la marmite, une à une, des boulettes qu'il rince à l'eau froide. Sans s'occuper du père, les fils s'installent à la table et déballent délicatement ces paquets avec leurs doigts.

Hans comprend enfin de quoi il s'agit. Il s'assied près d'eux, et tandis qu'apparaissent les coquilles brunes aux dessins blancs, il admire lui aussi leurs œufs de Pâques. Qui n'ont évidemment pas été confectionnés pour les parents, il s'en rend compte sur-le-champ. On ne s'investit dans un travail aussi fastidieux que pour faire le bonheur des filles, amies déjà ou pas encore.

Il éprouve une étrange émotion à ce déballage, au brillant de ces coquilles lisses et nues avec des brins restés vierges sur la plage chamarrée.

Demain, je pars dans le Jura, dit-il. Pour la première fois depuis trente ans.

Pourquoi ? demande Beat.
Justement, pour chercher votre mère.
Oui, mais pourquoi rien pendant trente ans ?

Il coupe du pain, verse à boire et voit ses fils se précipiter sur le fromage. Pardi, comme ils taillent dedans, il ne restera plus rien de la livre qu'il a achetée hier. Pendant qu'ils mangent, il leur parle de ce temps où plus aucun Bernois n'avait envie de se rendre dans le Jura, car il y avait là-bas quelque chose comme un état de guerre et personne ne foulait de bon gré le territoire ennemi.

Beat semble s'intéresser, pose quelques questions. Urs reprend du beurre au frigo, se refait une tartine et se mêle à la conversation tout en mâchant.

Au cours de son stage en pays soleurois, dit-il, il a entendu toutes sortes de choses. Le paysan était du régiment d'infanterie 11, dans les années soixante et, une fois, en cours de répétition dans le Jura, son bataillon avait dû toucher du matériel de guerre : grenades, gaz lacrymogène, fil de fer barbelé.

Urs brandit le couteau, l'œil mauvais. Hans entrevoit la suite, mais il ne perdra plus les nerfs. Après l'appel qu'il vient de recevoir, les reproches le laissent indifférent. Il attend, laisse son fils raconter la suite de l'histoire de son maître.

Chaque soldat avait reçu l'ordre de toucher nonante-six cartouches, quatre magasins pleins. Des voitures à haut-parleurs étaient arrivées, et le bataillon avait été mis en état d'alerte toute une nuit, un samedi. Personne ne comprenait pourquoi, aucun d'eux n'avait jamais vécu cela dans un cours de répétition. Ç'avait été pénible, et les officiers questionnés avaient évité de répondre. Selon des informations ultérieures, le Gouvernement bernois était à l'origine de ce branle-bas de combat, d'entente avec le Conseil fédéral.

Tu vois l'air con que je me suis payé comme Bernois ? Pourquoi tu ne nous as jamais raconté ça ?

Qu'aurait-il dû dire à ses fils ? En ce temps-là, ils voulaient entendre des contes de fées. Plus tard, quand ils allaient à l'école, il y avait déjà le nouveau canton, et le conflit s'était apaisé en quelque sorte. Mais auparavant, il s'était bien sûr passé toutes sortes de choses.

Il reprend tranquillement le cours des événements, évoque la cérémonie chahutée aux Rangiers en 1964, quand le chef du Département militaire fédéral Paul Chaudet et le directeur bernois des Affaires militaires Virgile Moine avaient été empêchés de parler, hués par ces Francs-Montagnards fanatiques qui s'opposaient à la place d'armes[39]. Vu la tension croissante et la peur des émeutes, il avait bien fallu mettre au pas la population jurassienne, avec l'aide de l'armée, ma foi.

Mais c'est n'importe quoi, proteste Urs, il suffisait d'un seul qui aurait pressé sur la gâchette, par peur ou par bêtise, et vous aviez la guerre.

Hans sent le feu qui couve. Le ton aimable de sa remarque purement rhétorique l'irrite au plus haut point. Il tape du poing sur la table en voulant expliquer, et ses fils hurlent de rire : il a écrasé quelque chose de mou, de chaud, et ça lui colle à la main. Il écarte soigneusement les débris de coquille du jaune qui suinte, porte la main à la bouche et la suce, secrètement content du rire des garçons. Il aura du moins réussi à leur fracasser un chef-d'œuvre.

Beat pose les pieds sur le radiateur, persiste et signe. Ce qu'il vient d'entendre, dit-il, lui fait l'effet d'une tempête dans un verre d'eau. À comparer avec la guerre de Bosnie, ce n'était qu'un conflit ridicule.

L'affaire en elle-même ne m'intéresse pas, dit-il, mais la façon dont vous l'avez gérée me fait froid dans le dos.

Et il se met à taper sur la police, sur ses interventions et actions partiales tendant à protéger les pro-Bernois dans les bagarres et à combattre les autres. Des collègues jurassiens lui en ont parlé plus d'une fois. C'est bien la police qui a fini par détruire les ultimes sympathies pro-bernoises.

Hans, qui a retrouvé sa contenance, évoque en détail son arrestation par la police un jour qu'il rentrait du Jura. Au rappel de ces souvenirs, il retrouve le plaisir de son escapade à venir.

Il se verse encore un verre et ajoute que du point de vue d'un agent de police, la situation paraissait bien sûr différente. Un voisin de jeunesse de son village avait suivi à l'époque une formation accélérée de grenadier. Or pendant quatre ans, en fin de semaine de boulot, ce Noldi recevait régulièrement de Berne le même télex honni, « suppression de repos et de jours fériés » : mobilisé dans le Jura, tous les week-ends.

Il avait alors – Hans calcule – il avait votre âge. Amoureux, et jamais avec sa bonne amie le dimanche.

Dans cet exil jurassien, c'était invariablement la même longue attente ; par le service des renseignements à Berne, on devait entendre voler une mouche ; mais rien ne se passait, on jouait aux cartes, on était naturellement mal accueilli, les aubergistes refusaient de cuisiner pour les gendarmes bernois, et on ne trouvait pas à se loger décemment. Noldi n'avait plus qu'un désir : rentrer à la maison, loin de cette région maudite. Même la poignée de main et les remerciements du Conseil d'État n'ont pu le consoler d'avoir été de piquet chaque fin de semaine. Il bouillait de colère et de rancune contre ceux qui les avaient mis dans ce pétrin.

Mais il se trompait d'adresse, dit Beat.

Pourquoi envoyer la police quand rien ne se passe ? Si ça n'est pas de la provocation…

Hans en a subitement assez de ce genre de discussion et se lève, il veut être seul avec sa joie du lendemain.

Vous faites la grasse matinée demain ?

Il prie aimablement ses fils de bien vouloir remettre la cuisine en ordre avant de partir, exactement comme il l'avait fait hier.

Puis il avise les roses. Elles gisent à l'abandon sur la table, le cœur blessé, la tête basse.

Qu'y faire ? Leur heure a sonné, et leur nombre est ridicule. C'est la voiture pleine de roses qu'il voudrait emporter demain, tant est grande sa joie de ce que sa femme a arrangé à Porrentruy pour lui.

Adeline se balance dans sa chaise à bascule. Elle s'est mis des compresses sur les yeux et se berce lentement en arrière, en avant, ses lunettes à la main. En arrière, en avant, sans musique, sans lumière.

Demain donc. Demain je te reverrai. Maintenant que tu ne m'intéresses plus, maintenant que je t'ai éteint.
Ton image est partie. Pas celle au fond de l'armoire, peut-être qu'elle y est encore, mais l'autre, celle vivante en moi.
Ç'a été dur.
J'ai éteint le dos de tes mains, les poils qui y poussaient, et qui me plaisaient...

J'ai éteint ta nuque ; elle était fine, et dans la fossette s'accrochait un duvet comme chez un jeune oiseau...
J'ai éteint tes joues et ses poils qui me grattaient et m'écorchaient comme des éteules...
J'ai éteint tes sourcils ; ils poussaient pêle-mêle, longs et doux. J'y avais toujours mis de l'ordre du bout de mon doigt...
Tes yeux couleur de miel. Je les ai éteints.
J'ai éteint tes lèvres qui m'attiraient comme les fraises du jardin qu'il était interdit de chiper...
J'ai éteint ta peau, qui était fine et lisse comme un bolet. Ils étaient rares, les bolets, on n'en trouvait qu'avec beaucoup de chance...
Ai-je éteint jusqu'à mon cœur ? Me l'as-tu dérobé ?

« Bois frissonnants, ciel étoilé
Mon bien-aimé s'en est allé
Emportant mon cœur désolé. »

Mon cœur a disparu. Ce qui désormais battait en rythme sous mon sein gauche, c'était une montre. Une IWC, entièrement automatique, bien avant que celle-ci ne fût inventée.

C'est à la Saint-Martin que tu es parti. Le bras bandé posé sur le volant, l'autre brandi en signe d'adieu. Jamais je n'aurais cru que ce serait définitif.

« Mais lui, sentant son cœur éteint,
S'en est allé l'autre matin
Sans moi, dans un pays lointain. »

C'est à la Saint-Martin que tu es parti ; tu allais revenir à Noël, au plus tard à la fin de l'année. Au cas où ce serait impossible – les cols étant enneigés – que vraiment tu ne pourrais pas venir, il arriverait à coup sûr une lettre ou un paquet de toi. Le soir après la fabrique, je scrutais la table vide, je demandais à ma mère, à la grand-maman, soupçonnais Petit Daniel de m'avoir subtilisé le courrier ; je me suis renseignée directement au bureau de poste. Pas de lettre.

La Saint-Sylvestre est arrivée, je me suis postée devant la porte, je cherchais une VW dans la rue et les garçons passaient.

Où est-ce qu'il est, ton Bernois ? se moquaient-ils. Tout ce qui avait bon pied au village allait danser. J'ai pris ta photo dans mon lit et j'ai fondu en larmes.

Tout à coup une idée m'est venue. Naturellement, tu m'en voulais. À la Saint-Martin, tu m'avais offert une photo et m'en avais aussi demandé une. Je n'en avais pas et je t'ai promis de me faire photographier.

C'était cela, tu voulais m'apprendre à tenir une promesse, j'avais toujours été un peu trop insouciante et irréfléchie. Un homme, une parole, avais-tu coutume de dire, une femme, une… je ne sais plus. Tu l'avais traduit de l'allemand, chez nous on ne connaît pas ce proverbe.

Après Nouvel-An, je suis allée chez le photographe. Le portrait a coûté cher – le salaire d'une journée – je te l'ai fait envoyer.

J'ai pensé, Maintenant il va venir. Dimanche prochain sans aucun doute.
Tu n'es pas venu.

Pourquoi n'es-tu pas venu, Hans ?

Au lieu de toi, c'est la police qui est arrivée pour arrêter Marguerite à côté, son mari et ses amis. Et les gens du village ont chuchoté dans mon dos. Les jeunes m'ont amenée de nuit au cimetière. Là, entre les tombes, ils m'ont passée en jugement. C'est moi, disaient-ils, qui avais dénoncé aux Bernois ma voisine et les autres, et tu étais un agent secret.
C'est alors que Petit Daniel est intervenu. Elle a rompu avec son ami bernois, qu'il leur a dit.

Moi, rompu ?

Je pédalais jusqu'à la fabrique et retour, à la fabrique et retour, à la fabrique, il faisait froid, et tous les jours je pensais à la chanson d'une jeune femme.
Elle avait été abandonnée par son bien-aimé. Il avait emporté son cœur désespéré dans un pays lointain. Sa chanson est devenue la mienne.

« Vents, que vos plaintives rumeurs,
Que vos chants, rossignols charmeurs,
Aillent lui dire que je meurs. »

La femme de la chanson se rendit à l'étang, y causa avec le vent et se jeta dans l'eau.

« Puisque je n'ai plus mon ami,
Je mourrai dans l'étang, parmi
Les fleurs sous le flot endormi. »

Moi aussi je suis allée à l'étang. Tu le connais, le premier en venant de chez nous. Une nuit, j'ai quitté la maison en douce et suis allée là-bas toute seule dans l'obscurité, petite souris peureuse que j'étais.

« Et comme en un linceul doré,
Dans mes cheveux défaits, au gré
Du vent je m'abandonnerai. »

Mais mes cheveux n'étaient pas dorés. Et ne se seraient pas défaits dans l'eau sous les ondes dormantes parmi les fleurs. L'étang était gelé. Les joncs étaient enneigés. Et les rossignols étaient tous morts de froid.

Au village, c'était le carnaval. Ma mère m'a obligée à sortir : Va danser, Adeline. Sinon tu vas rester en rade. Va. Quand la Germaine avait ton âge…
Je me suis bouché les oreilles.
Daniel m'a entraînée à la cave pour me dire que c'en était fini avec les arrangements à l'amiable. S'ils nous ont imposé la place d'armes de Bure, disait-il, c'est uniquement parce qu'ils ne nous redoutaient pas comme ceux des Franches-Montagnes ; nous devons absolument nous défendre maintenant qu'il est même question de l'agrandir.
Et il m'a demandé de m'engager contre l'extension de la place d'armes. La tête basse, j'ai dit non.
Une seule fois j'ai aidé, quand il m'a demandé de l'accompagner chez notre beau-frère, le Bernois. Il était membre de l'autre parti qui se prenait pour la police, était armé et faisait des contrôles nocturnes. Notre beau-frère avait un champ là-bas,

près de la place d'armes. Daniel voulait le rencontrer chez lui et le dissuader de vendre ce champ.

Je l'ai accompagné.

Tu me croiras ou pas, le beau-frère nous a reçus le fusil à la main. La porte s'est ouverte brusquement quand nous sommes arrivés devant la maison, le soir, dans l'obscurité. Il se tenait là dans la lumière et visait Daniel. J'ai crié : C'est nous, on est de la famille. Alors une fenêtre s'est ouverte, et ma sœur a crié : Foutez-moi le camp, vous deux, et qu'on ne vous voie plus ici.

Alors notre maison a été fouillée par la police. C'en était trop pour mon père aussi. Trop de place d'armes, trop de fusils dans les mains des autres, et il a refusé de faire son dernier cours de répétition. Daniel a objecté contre l'école de recrue. Il a fait de la prison pour cela.

J'ai voulu partir, loin de la maison, loin de ma mère qui disait que je resterais en rade, loin du Petit Daniel qui était trop téméraire à mes yeux, loin de Germaine et de son mari, je ne voulais pas devoir les croiser dans la rue, loin de Marguerite qui était revenue de prison et me soupçonnait, loin, en ville où personne ne me connaissait, où nul ne savait que j'avais été l'amie d'un Bernois.

Et c'est ainsi que je me suis mariée.

Ne l'ai-je pas déjà dit, ce n'est pas un cœur qui battait dans ma poitrine, juste une montre entièrement automatique.

Je ne me souviens pas de ma robe de mariée. Ton épouse me l'a demandé tantôt.

Est-ce que je me souviens de lui ?

Le bon François. Il était frontalier, de Delle, il travaillait dans la même fabrique que moi et me faisait un peu la cour depuis longtemps.

Les années suivantes, ç'a été la galère ; mais les enfants, une joie. Jean-François et Yvette, ce que j'ai de meilleur dans ma vie.

Toi, Hans, non, je n'ai plus pensé à toi...

« Puisque je n'ai plus mon ami,
Je mourrai dans l'étang parmi
Les fleurs sous le flot endormi. »⁴⁰

En cette nuit où j'étais allée toute seule au bord de l'étang, j'avais un baluchon dans les bras. Ce n'était pas un enfant, c'était ma douleur. Elle était tantôt légère, tantôt lourde, et j'ai posé ma joue sur elle. Tendrement je lui ai parlé, je lui disais : Douleur, l'une de nous deux doit mourir, toi ou moi.

Je me suis agenouillée devant l'étang gelé et j'ai enfoui ma douleur dans la neige.
Puis je suis retournée à la maison.
Le lendemain, j'ai assemblé mes cent quarante-cinq montres. En oubliant des vis partout. J'ai écopé d'une diminution de salaire et d'un avertissement.
Mais j'étais en vie, Hans.

Et j'ai continué à vivre. Bien, je peux le dire, même sans toi.

SAMEDI

Lisbeth s'agrippe des deux mains à la ceinture de sécurité.
Hans conduit mal. Il prend les virages par à-coups et beaucoup trop vite.
C'est sa façon de manifester son irritation. Comme si l'esclandre n'avait pas suffi. La journée s'est parée de soleil et d'aubépine en fleurs, ce n'est pas elle qui est en cause. Elle

aurait été parfaite pour clore la semaine, pour la couronner, pour fêter les retrouvailles.

Mais non, tout est gâché maintenant, ça pue comme un œuf pourri, et elle, Lisbeth, est responsable de la catastrophe.

Son intention était pourtant bonne et sincère. En rentrant ils s'arrêteraient quelque part dans la côte des Rangiers, avait-elle pensé, et Hans la remercierait et lui dirait qu'elle a bien agi. Assis dans l'herbe, ils s'embrasseraient longuement et contempleraient une fois encore le vaste ciel de l'Ajoie. Au lieu de quoi il pousse sa voiture à ses limites, sans un regard sur le paysage. Et il ne parlera plus jusqu'à Berne et là pas davantage, plus jamais peut-être, du moins pas avec elle.

Ce matin, quand Hans et elle étaient déjà attablés à La Couronne, c'est à peine si elle pouvait attendre celle qui manquait au trio. Non sans arrière-pensée bien sûr. Elle a eu sa petite joie secrète à l'arrivée d'Adeline, certes chic mais faisant bien son âge, au point que Hans ne l'a pas reconnue et qu'il fut presque effrayé à la vue de son toupet de cheveux roux et de ses grosses lunettes. Cette stupéfaction lui fut une belle récompense pour avoir épousseté la photo de cette femme éternellement jeune, alors qu'elle-même se sentait vieillir chaque jour. Mais la conversation n'a pas tardé à aller bon train, comme elle se l'était imaginé. Adeline questionnait, racontait, communiquait sa bonne humeur à Hans. Tous trois se traitaient en vieux amis, mangeaient et causaient de ce qui leur venait à l'esprit.

Tandis que Hans poursuit sa folle course de côte, elle tente de retrouver le moment où la discussion a pris un mauvais tour.

D'abord il s'était agi de construction de routes. Lisbeth avait exprimé sa crainte que la Transjurane ne détruise le paysage de l'Ajoie, en sachant d'avance que Hans la contredirait. Il en avait bien le droit, ils vivaient de ce chantier après tout. Mais Adeline aussi a protesté avec force en rappelant à quel point on était coupé ici du reste de la Suisse. Surtout depuis qu'il n'y avait plus l'Orient-Express pour les relier au moins à la Suisse romande; de Porrentruy, on était vite à Lausanne en ce temps-là. Et alors – comme hier soir –, elle a évoqué ce train célèbre qui avait marqué son enfance. En partant en vacances à Trieste demain, elle réalisera donc un vieux rêve. Des noms comme Milan, Trieste, Constantinople fleuraient ces capitons et leurs voilages, et elle désirait voyager sur ces traces prestigieuses; malheureusement pas plus loin que Trieste à cause de la guerre en ex-Yougoslavie.

Hans lui a donné raison, les liaisons routières restaient misérables; et de rire tous les deux des chemins cahoteux d'alors qui retardaient les voyageurs…
C'est alors que Hans a enlevé son veston. L'atmosphère de l'auberge était proprement chaleureuse.

Adeline tend la main par-dessus la table, retire un peu la manche gauche de la chemise de Hans et recherche une cicatrice à son bras.
La cicatrice d'une brûlure? Hans en a plusieurs aux bras et aux jambes, et Lisbeth ne s'y est jamais intéressée. Il aime la montagne, la varappe, et dans son métier aussi il a affaire avec la roche, cela cause souvent de petites éraflures.
Mais comme Adeline passe la main sur une partie blanche de son bras, Lisbeth se sent mal à l'aise.
Tu reconnais l'auberge? demande Adeline.
Hans rit, il y a pensé en entrant déjà, c'est bien ici qu'elle l'avait fait dormir lorsqu'il…

Il a dans sa voix un timbre étrange et inconnu de Lisbeth, qu'elle n'a pas envie d'entendre davantage. Elle regarde par la fenêtre vers le rural qui fait corps avec l'auberge, elle voit poindre le printemps avec son herbe d'un vert éclatant, les jonquilles, les narcisses, les chevaux qui trottent librement en secouant la crinière, et elle se souvient de sa maison, de la ferme familiale, du cheval attelé, ou confiné à l'écurie. Elle repense à sa jeunesse, aux attaches et aux tâches dont elle est issue, et se sent envahie d'une soudaine tristesse et du sentiment de ne plus être de la partie.

Le malaise cependant n'a été que passager, c'est tout de même elle qui avait créé cette situation qu'il s'agissait de maîtriser maintenant. Elle s'était toujours crue l'âme généreuse, non sans fierté : de quoi revenir à Hans et Adeline.

Il fonce comme un cinglé dans les virages qui montent vers Saignelégier. Elle se sent presque mal mais n'ose rien dire, il serait capable de rouler plus vite encore. Elle connaît ses réactions de défi à la moindre critique quand il est vraiment fâché.

Plus tard, Adeline avait dit que sa mère vivait encore, et Hans s'était mis à raconter des histoires qu'il avait apprises d'elle et gardées en mémoire.

Des choses vécues pendant la Dernière Guerre mondiale. Sa voix avait retrouvé le timbre qu'elle lui connaissait.

Il parlait d'un oncle chez qui ils avaient manifestement été à une fête, un Français de Courtavon qui s'était marié avec la tante d'Adeline peu avant la guerre. Quand les Allemands avaient progressé jusqu'au Lomont et que les Alsaciens furent enrôlés dans la Wehrmacht pour combattre leurs propres compatriotes[41], le jeune homme avait fui à travers la frontière. Avec l'aide de sa parenté suisse, il avait gagné Genève et de là Annemasse dans la France encore libre. Il s'y était débrouillé comme ouvrier à tout faire et était revenu indemne au pays après la guerre.

Adeline confirma ce récit et félicita Hans pour sa bonne mémoire. Il l'incita alors à parler des événements du jour de sa naissance. Elle le fit, plus en détail que la veille au soir, en louant particulièrement les Polonais qui avaient laissé une impression indélébile chez les gens d'ici par leur discipline et leur caractère.

Lisbeth avait-elle bien entendu, ici on faisait l'éloge des Polonais ? À la maison, dans son village, on parlait d'eux différemment. À l'auberge où elle avait fait des remplacements de sommelière, on jasait sur une institutrice qui avait traîné avec un Polac et on chuchotait, elle s'en souvient, à propos d'un enfant du plaisir. L'expression lui avait paru jolie, mais elle savait évidemment ce qu'on entendait par là.

Elle n'en a rien dit, préférant écouter ce que disait Adeline.

Ils longent un grand étang. Son regard éperdu rejoint l'eau derrière les sapins, elle aurait bien aimé se promener le long de la rive avec Hans. D'où vient donc sa fureur de la vitesse ?…

À table, tout allait encore bien après les histoires qu'ils avaient racontées. Hans avait demandé des nouvelles de certaines personnes, manifestement des proches d'Adeline.

Le grand-père des Franches-Montagnes était mort depuis longtemps, le père aussi, il y a deux ans, a-t-elle dit. En face, dans la maison des parents – elle regardait par la fenêtre – c'était le frère qui y habitait avec sa famille. Ils avaient pris la maman chez eux et s'en occupaient bien.

Et ta sœur, a demandé Hans, comment va-t-elle et son mari, dans leur belle ferme ?

Je ne sais pas, dit Adeline.

Elle est partie ?

Non.

Hans a regardé sans comprendre, dans l'attente d'une explication.

On ne se cause plus, a dit Adeline après une pause.

Ici, Lisbeth a eu un mauvais pressentiment, il y avait quelque chose de funeste dans l'air. Comme le jour où elle avait regardé le château de Porrentruy du haut de la tour.

« Mon petit oiseau bagué du rouge anneau
Chante douleur, douleur. »

Hans cependant ne s'est douté de rien, il pensait devoir la consoler. Dans les meilleures familles, a-t-il dit, il y a souvent des difficultés après l'héritage.

Adeline a un rire moqueur, se détourne, sort son miroir et son bâton de rouge, se refait les lèvres ; puis ajoute qu'il n'y a rien eu à hériter chez eux.

S'installe alors un silence pénible, Adeline se tait, sort une cigarette, et Hans s'empresse de lui donner du feu.

Ce qui a divisé notre famille, dit-elle enfin, c'est ce qui s'est passé avant la création du Canton.

Hans demande alors presque timidement ce que sont devenues certaines personnes emprisonnées à l'époque, qu'Adeline a dû connaître.

Elles étaient innocentes, dit Adeline.

Hans réplique qu'à l'époque on ne pouvait pas le savoir, qu'il s'est tout de même passé beaucoup de choses, et il se met à énumérer tout ce qui a été détruit par les Béliers, sans omettre cette récente explosion, les fenêtres de son bureau…

Halte, dit Adeline, nous tous ici condamnons cet acte. Ça n'a rien à voir avec le nouveau Canton. Tu as parlé des séparatistes arrêtés il y a trente ans. À l'époque, on a beaucoup dramatisé l'information à notre sujet, et vous avez cru toutes ces histoires d'ennemis de l'État et de terroristes et…

Lisbeth prend peur. Elle perçoit l'agressivité dans les yeux d'Adeline et, dans la voix de Hans, le ton chargé qu'elle connaît bien. Pour peu, il frapperait du poing sur la table. Pour prévenir cela, elle intervient.

Avec une gaieté démonstrative, elle affirme que tout cela est passé de longue date et qu'elle propose à présent une bonne réconciliation autour d'un café.

C'est alors que l'orage s'abat sur elle des deux côtés à la fois. Tous deux l'invectivent, exaspérés, Adeline en français, Hans en *bärntütsch*. Passe encore son algarade à lui, que certes elle ne méritait pas ; passe encore la peine de se faire sermonner devant tout le monde ; mais de la part d'Adeline, elle n'aurait pas cru ça. Elle était pourtant si joviale hier soir, à rire sans arrêt, à lui proposer le tutoiement et, en se quittant, à l'embrasser comme une sœur. L'éclat d'Adeline l'effraie : qu'a-t-elle donc fait ? Elle a juste proposé de boire à la réconciliation. Du coup, elle est leur bouc émissaire commun et des reproches s'abattent sur elle en deux langues simultanément, si bruyants et inattendus qu'elle n'y comprend rien. Elle se couvre le visage des deux mains et reste coite jusqu'à ce que l'orage se soit apaisé.

C'est par pure politesse qu'on est restés pour le café.
Le sucre a passé à trois reprises alors que personne n'en voulait, on a commenté les tableaux accrochés aux murs qu'on n'avait pas regardés jusque-là, on a payé, remercié, on s'est souhaité mille choses, « tout de bon » et d'excellentes vacances. On a échangé des sourires forcés, mais on restait bouleversé par l'esclandre.
Lisbeth savait qu'avec sa proposition elle avait tout gâché.

Dès qu'ils furent seuls dans la voiture, Hans l'engueula encore, personne n'aurait pu se montrer plus stupide, décidément.

Elle avait pourtant cru bien faire.

Les voilà déjà à la sortie de Bienne. Dans le rétroviseur, elle revoit le Jura telle une longue muraille bleue.

Puis-je vous demander ce que vous attendez encore ?

Ah ! la carte… elle est là-dessous, elle a dû tomber. Une carte postale de Trieste, adressée à Monsieur et Madame Bähler de Berne. C'est Adeline qui l'a écrite.

Je vais vous dire ce qu'elle contient, en traduction bien sûr, tout comme j'ai traduit pour cette JOURNÉE PORTES OUVERTES presque tout ce qu'elle a dit ou pensée.
Elle parle d'abord du temps qu'il fait à Trieste, puis de la guerre qui y est sensiblement plus proche, elle remercie pour le repas à trois, elle a trouvé que c'était une bonne idée, et invite les Bähler à venir boire un verre chez elle lors de leur prochaine visite à Porrentuy.

Et maintenant, allez-vous-en, je vous en prie.
Je suis morte de fatigue, et j'aimerais fermer l'atelier.

En sortant, faites attention au rêve. Il ne faut pas l'effacer.
En escaladant la paroi, quand le serpent était devenu trop lourd et que je désespérais à l'idée de tomber dans le vide, un vieil homme est venu m'aider.
Aujourd'hui je sais que c'était un poète disparu. Je me suis agrippée à sa main et j'ai amené le serpent à bon port.

Merci de votre visite.

POSTFACE

En 1995, la romancière bernoise Katharina Zimmermann faisait paraître *Blaue Mauer* aux éditions Zytglogge. En 2005, une rencontre fortuite avec une Jurassienne de Bâle m'a incité à lire ce livre; je l'ai dévoré. Je fais alors la connaissance d'Edouard Höllmüller, un parfait bilingue, qui venait de traduire *Aux Bornes* de Christian Schmid, une autre évocation d'un Jura vécu dans la petite enfance par un fils de douanier alémanique qui découvrait la mentalité jurassienne, ces « nègres du Congo bernois » dans le climat d'hypocrisie suissiste de l'après-guerre faite d'un clivage social. Cette traduction arrivait à exprimer avec finesse deux mentalités si diverses.

J'ai réussi à convaincre Édouard de refaire l'exercice. Une amitié s'est manifestée à réaliser la traduction de *Blaue Mauer* qui paraît enfin en 2009, en français, sous le titre de *La crête bleue*.

En 2005 j'exprimais dans le journal autonomiste *Le Jura Libre* mon enthousiasme, *malgré des helvétismes, des « bernoiseries » déroutantes*, un style d'écriture très libre, voire poétique, que le Duden ne m'a pas toujours aidé à déchiffrer. L'auteure est loin d'être une inconnue sur les bords de l'Aar. Entre 1984 et 1992 elle a écrit une demi-douzaine de romans.

*Cette satanée barrière de röstis nous a privés d'un livre que je trouve émouvant, s'agissant de la Question jurassienne. Voilà une Bernoise qui a eu le courage de passer la muraille bleue (*Blaue Mauer*) de la chaîne du Jura, telle qu'elle l'a toujours vue de sa fenêtre à Berne, pour aller vivre un temps important dans le Jura, en Ajoie, notamment, dans le but de décoder le message reçu depuis des lustres sur les bords de l'Aar. Elle a tenté de sentir les choses avec une honnêteté toute féminine, dépourvue d'a priori. (...) Elle relate sa démarche, ses rencontres, son apprentissage de la mentalité jurassienne. commencer par l'envers de cette muraille bleue qui* *ferme l'horizon de Berne, le Mont-Terri vu de Porrentruy en direction de la Suisse. Tout un symbole qu'elle nous révèle en prenant conscience de cette réalité. (…) Puis elle invente une intrigue au travers de laquelle je suis ému par sa capacité de rendre toute une atmosphère qui nous est proche et qu'elle a parfaitement sentie. Et de la greffer dans un contexte historique très vrai. En fait c'est une première dans la littérature : la Question jurassienne, y est évoquée à travers des acteurs anonymes, ce qui les rend d'autant plus authentiques, sans donner l'impression d'un contre-plaqué.*

Une romancière bernoise qui raconte notre Jura actuel dans la langue de Goethe mérite sans doute un prix jurassien de littérature.

Pierre Philippe

NOTES DU TRADUCTEUR
(Les nos de pages au-dessus des notes renvoient aux pages du livre)

Page 15
1   Schiller a écrit «einzig» (*Wilhelm Tell*, II, 2), mais Katharina Zimmermann emploie la variante très répandue de «einig» qui était probablement dominante pendant la guerre.

Page 20
2   La chaîne de montagnes appelée Jura, mot celtique qui veut dire «montagne boisée» ou «forêt montagneuse», s'étend sur 300 km de long et 70 de large, de la source de l'Ain aux collines du Bade-Wurtemberg au sud de Stuttgart.

Page 25
3   Crête souveraine, Chasseral renvoie dos à dos les partisans de l'article et ceux de son absence.

Page 27
4   Le 15 mars 1944, cinq bombes alliées tombent dans la forêt de Montorbé près du Mont-de-Cœuve. Dans un rayon de 150 m, les arbres sont détruits, 400 m3 de bois sont endommagés. Huit bombes, dont six non explosées, tomberont encore non loin de Cornol le 3 décembre 1944.

5   Le quartier de l'église Saint-Pierre de Porrentruy fut mitraillé le 10 septembre 1944, deux jours après la gare de Delémont et un train en gare de Moutier. Le lendemain 11 septembre, le journal bruntrutain *Le Pays* réclamait la suppression de l'obscurcissement et le marquage de la frontière par de grands drapeaux suisses. Les autorités «attendront-elles une catastrophe pour prendre de telles mesures?» Le même jour, le gouvernement bernois intervient dans ce sens auprès du Conseil fédéral. Le lendemain 12 septembre, l'ordre d'obscurcissement du 6 novembre 1940 est levé par le Conseil fédéral, en accord avec le Commandement militaire, pour l'ensemble du territoire suisse. Il n'y a apparemment pas eu de mesure particulière antérieure pour l'Ajoie.

6   La sentinelle des Rangiers, plus connue sous le sobriquet germanique de «Fritz» à cause de son allure hiératique et rigide, avait été érigée

dix ans après la mobilisation de 1914. Œuvre du sculpteur neuchâtelois Charles L'Eplattenier, maître du Corbusier, elle s'est écroulée le 1er juin 1984 sous les assauts des militants du Bélier.

7   En fait, la situation semi-exclavée de l'Ajoie était analogue à celle de Schaffhouse, qui fut bombardé dans la nuit du 1er avril 1944. Le saillant de Porrentruy n'aurait pas été défendu en cas d'agression, pas plus que ceux de Genève et de Schaffhouse.

Page 30
8   Jean-François Comment (1919-2002) est un représentant majeur de la peinture jurassienne en Suisse et à l'étranger (cf. la couverture du livre). Il a pratiqué l'art du vitrail dès 1957. Les vitraux de Courgenay sont de 1965-1967, ceux de Saint-Ursanne de 1983 et ceux de Saint-Pierre de Porrentruy de 1984-1985.

Page 31
9   Roger Bissière (1888-1964) fut le premier peintre lauréat du Grand prix national des arts en 1952. Les vitraux de Cornol sont de 1957.

Page 32
10   Maurice Estève (1904-2001) reçut le Grand Prix national des Arts en 1970. Les vitraux de Berlincourt datent de 1958.

Page 33
11   *Vitraux du Jura* de Jean-Paul Pellaton (textes) et Jean Chausse (photographies), Édition Pro Jura, Moutier, 1968, 5e édition 2003

12   Sa rénovation date de 2001.

13   Cinq strophes en schwyzertütsch émaillent le refrain :
«C'est la Petite Gilberte, Gilberte de Courgenay,
Elle connaît trois cent mille soldats et tous les officiers,
C'est la Petite Gilberte, Gilberte de Courgenay,
On la connaît dans toute la Suisse et toute l'armée.»
L'auteur en est Hanns In der Gand, d'origine polonaise, devenu chanteur de troupe dans l'armée pendant la Première Guerre mondiale. Gilberte de Courgenay est une sorte de pendant de La Madelon, dont la chanson, créée en 1914 par Bach (C.-J. Pasquier), doit également son succès aux poilus.

Page 36
14 La réalité est plus complexe, voire contradictoire : C'est par exemple un Vaudois, le futur Conseiller fédéral Georges-André Chevallaz, qui s'était opposé à un projet de manifestation jurassienne à l'Exposition nationale de 1964. Et la votation du 24 septembre 1978 sur l'entrée du nouveau canton dans la Confédération atteste la nette sympathie des cantons latins, mais aussi une certaine solidarité catholique :

	OUI	NON
Tessin	95,1	4,9 (meilleur résultat suisse)
Valais	91,9	8,1
Genève	91,2	8,8
Fribourg	90,1	9,9
Vaud	88,6	11,4
Neuchâtel	84,7	15,3
SUISSE	82,3	17,7

Page 37
15 Des Wandrers Nachtlied
Der du von dem Himmel bist,
Alles Leid und Schmerzen stillest,
Den, der doppelt elend ist,
Doppelt mit Entzückung füllest,
Ach! ich bin des Treibens müde!
Was soll all der Schmerz und Lust?
Süßer Friede,
Komm, ach komm in meine Brust!

Page 38
16 Frédéric-César de la Harpe (1754-1838) fut précepteur des petits-fils de Catherine II, Alexandre et Constantin, de 1782 à 1795. En 1814, Alexandre Ier l'appela au congrès de Vienne pour y être son secrétaire.

17 Karl Ludwig von Haller (1768-1854) a traduit lui-même en français sa *Restauration der Staatswissenschaften*, six volumes parus entre 1816 et 1834, où il revendique le rétablissement et la légitimation du pouvoir des princes. Antithèse extrême du *Contrat social* de Rousseau, cet ouvrage donnera son nom à la période de la Restauration.

18 Allusion à la plaisanterie selon laquelle les Bernois débouchant de ce tunnel en sens inverse jetteraient leur billet de retour par la fenêtre.

Page 41
19 Thécla SA, (aujourd'hui Benteler) connu pour le matriçage à chaud, a fabriqué de la munition «jusque dans les années quarante» selon un ancien employé.

Page 52
20 Jean Gigon (1923-2007) fut tout ensemble syndicaliste et gérant d'entreprise, puis aubergiste et fin cuisinier, écrivain et, foncièrement, homme de cœur. Il rêvait de traduire le présent livre.

Page 55
21 Ce n'est pas une tranchée au sens militaire, mais celle de l'ancienne ligne de chemin de fer Bonfol-Pfetterhouse démontée dans les années 1960. Les anciennes tranchées militaires, notamment celles de 14-18, sont encore visibles au Largin (communes de Bonfol et de Pfetterhouse).

Page 58
22 Dans un contexte romand, c'est le crève-cœur de la fille qui a dit en classe qu'elle s'était «encoublée». «Vous ne parlez donc pas le français à la maison? Ton père est chiffonnier peut-être?», fut le commentaire du professeur.

Page 59
23 Désaffection: de l'allemand standard certes, mais non pas du dialecte, qu'on a continué à parler après la guerre. Aujourd'hui 15% des jeunes Alsaciens parlent encore l'Elsässerdütsch, l'alsacien.

Page 61
24 Le sol, le sang, la race: valeurs essentielles de tout système fasciste.

Page 72
25 La vénération millénaire de saint Fromond, ermite du VIIe siècle, ne repose sur aucun document écrit; seules subsistent la tradition et les légendes. Cf. i. a. *Vie des saints du Jura* de Pierre-Olivier Walzer, 1979.

Page 73
26 On désigne du terme de *Kulturkampf* ou «combat pour la culture» le conflit qui opposa le chancelier allemand Otto von Bismarck à l'Église catholique entre 1871 et 1880, au nom de l'unité du nouvel Empire et suite à la proclamation du dogme de l'infaillibilité pontificale.

Dans la partie nord du Jura bernois, «le *Kulturkampf* creusa un profond fossé entre les autorités cantonales radicales et les catholiques. La situation tourna à l'épreuve de force entre l'évêque de Bâle Eugène Lachat, d'origine ajoulote, et le gouvernement bernois, qui fit occuper militairement le Jura catholique et expulsa les prêtres fidèles à l'évêque. Mais la population soutint ses curés, et l'Église catholique-chrétienne, appuyée par le canton, ne put s'implanter. Seuls la crise économique, la Constitution fédérale de 1874 et le succès des conservateurs aux législatives cantonales de 1878 calmèrent le jeu. Berne dut abroger les mesures les plus dures, mais celles-ci avaient renforcé l'esprit de résistance et la solidarité des Jurassiens du nord.» (*Dictionnaire historique et biographique de la Suisse*)

Si le retour du clergé catholique à mi-novembre 1875 peut être considéré comme la fin officielle du *Kulturkampf* et que, en 1878, le renouvellement des autorités bernoises aux élections et l'avènement du pape Léon XIII contribuèrent à l'apaisement des esprits, ladite interdiction des processions n'en dura pas moins jusqu'au 30 mai 1918.

Page 83
27 «Mont-Terrible», nom du département français qui exista de 1793 à 1800 avant d'être intégré à celui du Haut-Rhin, est la déformation du patois *mont tairi* (dont les sources sont taries). Cette montagne située entre Courgenay et Saint-Ursanne s'appelle aujourd'hui mont Terri.

Page 109
28 Conté par Alexis Choulat, né à Ocourt en 1828. Recueilli par Jules Surdez dans *Contes et récits du Jura*. Manuscrit en patois original conservé à la Burgerbibliothek de Berne : Mss.h.h. III 309a, N° 19, p. 102.

Page 110
29 Le projet d'une place d'armes aux Franches-Montagnes, conçu en

1957, a rencontré une opposition farouche. En 1962 se constitue le Front de Libération du Jura (FLJ), qui incendie trois fermes situées sur le territoire des communes des Genevez, de Lajoux et de Montfaucon. Ces domaines agricoles avaient été acquis par le canton de Berne puis revendus à la Confédération pour le Département militaire, qui envisageait de les transformer en place d'exercice pour blindés. Ils ont finalement été revendus aux communes concernées en 1976. (Wikipédia)

Page 122
30 Stalden est le nom générique de plusieurs rues de Berne qui descendent à l'Aar, dont le Nydeggstalden en vieille ville.

31 Le 7 janvier 1993, Christophe Bader, militant du Bélier, fut tué au Nydeggstalden en véhiculant une bombe destinée à hôtel de ville tout proche. Le même jour à quatre heures du matin, une autre explosion endommageait la maison du chef des Sangliers à Courtelary.

Page 126
32 Le 16 juin, veille de l'Armistice, le général Daille se trouve pris à revers par Guderian et enfermé dans la boucle du Doubs avec le 45e Corps d'armée français et la 2e Division polonaise. Le lendemain, Pétain ayant demandé l'armistice, Daille et ses troupes sont autorisés à se réfugier en Suisse. Cela presse, car les autorités helvétiques devront fermer la frontière après la signature de l'armistice. Suivent pourtant de violents engagements jusqu'à épuisement des munitions et, dans la nuit du 19 au 20, le repli sur Soubey, où les troupes défilent une dernière fois devant leur chef. Les Polonais seront internés dans des camps et resteront en captivité en Suisse jusqu'à la fin de la guerre. (Wikipédia)

Page 129
33 L'Église catholique n'ayant jamais admis que l'école lui échappe s'est fondamentalement opposée à la laïcisation du corps enseignant et surtout à l'École normale de Porrentruy, qui formait des instituteurs du Jura Nord et Sud, donc catholiques et protestants.

Page 135
34 Attentat à l'explosif sur la voie des CFF à Studen, le 27 février 1964.

Page 19
35 Le suffrage féminin en Suisse a été introduit au niveau fédéral après la votation du 7 février 1971, avec un résultat exactement inverse à celui du 1er février 1959 (refus à 2 contre 1).

Page 152
36 Il ne s'agit pas de l'action du 18 mars 1972 à la Spitalgasse, mais d'une autre bien antérieure et guère encore médiatisée, faite au Hirschengraben par un groupe de femmes politisées de longue date, dont Marthe Kellerhals (1908-2001) de Porrentruy: « Un coup de boutoir pour provoquer l'Ours; il fallait faire vite, on a bien rigolé ». (Information par l'auteur)

Page 159
37 Par ailleurs, on peut comprendre l'acharnement de Berne à contrôler sa nouvelle frontière dans une région à peine sortie de l'occupation révolutionnaire puis napoléonienne.

p. 162
38 La ligne Belfort-Delle-Porrentruy, décidée après le rattachement de l'Alsace à l'Allemagne et achevée en 1877, fit de Porrentruy une gare frontière de première importance. Le trafic international très intense jusqu'à la Première Guerre mondiale fut ensuite nettement plus faible, jusqu'à la fermeture de cette ligne dans les années 1980. Le Simplon-Orient-Express y passait depuis l'ouverture du tunnel du Simplon en 1906, mais il n'a desservi Lausanne que jusqu'en 1913 quand fut inauguré le tunnel du Lötschberg.

Page 170
39 Le 30 août 1964, aux pieds de la Sentinelle des Rangiers et à la Caquerelle, le Rassemblement jurassien chahuta la commémoration des cinquante ans de la mobilisation de 1914 par une contre-manifestation. Le Conseiller fédéral vaudois Paul Chaudet et le Jurassien Virgile Moine, membre du gouvernement bernois, y furent puissamment chahutés et malmenés.

Page 177
40 Extraits de la « Chanson perpétuelle » de Charles Cros (1842-1888)

Page 180

41 Après l'annexion de 1940, les Alsaciens, étaient en réalité des sujets allemands et incorporés comme tels dans la Wehrmacht, la plupart sur le front russe et non pas en France. Les déserteurs exposaient leurs familles à des représailles.

DU MÊME TRADUCTEUR

Christian Schmid, *Aux bornes*, trad. de l'allemand par Édouard Höllmüller, Éditions d'en bas, Lausanne, 2005.

Achevé d'imprimer
sur les presses de
Tipografia La Vallée, Aoste
novembre 2009